深度管理

李长江 ／著

中国华侨出版社
北京

前言

　　为什么阿里巴巴能成为全球最大的电商巨头？为什么华为和腾讯能成为市场上长久的明星？是什么使你最喜欢的餐厅、干洗店、汽车经销商等从众多的同行中脱颖而出呢？这不可能仅仅是产品、服务、价格的原因。虽然处处有竞争——即使是政府机构也有竞争。但是，有些企业、政府机构和非营利性机构根本就没有竞争意识，它们在很多领域，像产品服务质量、创新、运作以及最重要的方面——结果等，都放弃了竞争。

　　并不是你的竞争者都聘用了天才而留给你的全是平庸者；他们的电脑程序、薪酬制度、运作程序等和你的没有很大的差别；当他们坐下来讨论策略时，并不比你的洞察力更深。差别在于一种无形的东西，这种东西你必须了解。

　　1.优秀的领导者、机构及个人都有一个信条，这个信条可以称为"深度管理决定一切"。每个机构的目标并不相同。对一些机构来说，是利润；对另一些机构来说，是对选民的服务或者不超出预算。不管是哪一个行业，最优秀的机构永远都不会放弃关注深度管理。

2. 注重深度管理的公司都创建、培养一种文化，这种文化会成为它们持久的优势。每个人的表现都体现他个人对所有制和管理的理解，员工自觉改变自己以适应公司的环境。优秀员工会珍惜出现在董事会会议上的机会，并借此做出贡献。

这本书讲述了怎样建立一种深度管理文化，这种文化把你和你的竞争者区别开来。把它看成一种难以理解的东西，它使你的运作成为你的竞争者的标准。

成为一个注重深度管理的公司意味着你有自信，更有力、更高效地运作你的公司，更有效地管理你的同事和员工，对市场上的变化做出更快速的反应。不管你的意图是提供低端产品还是控制高端市场，你的竞争优势主要是一种导向有意义的深度管理的文化。

你可能会好奇为什么要写一本关于深度管理的书。是这样的，

"明显之处有盲点"。

想想这些问题：

◇ 我们生活在"我也一样"的世界上，所有的产品和服务都是商品。利润空间受到挤压。在这种环境下，取得成功的唯一办法是提高效率降低价格，或者你能使自己的产品很有价值让别人优先购买。除非你能使你的公司年年成功，否则便注定平庸。我们讨论的是怎样建立一个王朝而不仅是一个好年成。

◇ 许多公司都曾经把手段和目的混淆起来。这是一种实行MBBS的倾向——最好的推销员管理办法——而不是日复一日地辛勤运作。辛勤运作不是对公司主动性的打击，大多数员工怀有好意并能够有所作为，但补偿上次工作失误的热心常常掩盖了关注深度管理的能力。

◇ 我们有时也会混淆参与和成功。一群父母之间进行的关于只要参加足球赛每个孩子都可以得到奖品的谈话，当一位父亲问为什么有必要对比赛中排在最后一名的团队进行奖赏时，人们的反应是: "好, 你来向孩子解释, 为什么他是唯一没有拿到奖品的人。"

这不是一件孤立的事情。现在进入职场的一代人有足够的技能和知识使自己做出令人惊叹的业绩。但他们也是历史上最受保护的一代, 人们也使他们感到自己更加独特。在许多情况下, 他们的生活被设计成这样: 从学校毕业后出去工作, 但常常遭受冷眼, 因为想提高自尊感, 所以事事都有奖品和缎带。

公司有相似的趋势。我们给自己或别人奖励, 这种奖励只和表现联系起来, 而不是和取得有意义的结果联系起来。

得到承认非常重要, 无疑自我感觉良好的人表现得更好。但是我们不要把参与和成功混淆起来。

这本书向你介绍因深度管理而取得成功的人和公司。从中你可以看到熟悉的市场领军公司的名字。要想谈文化和追求深度管理的影响力, 就不能不谈到美国西南航空公司、戴尔公司、沃尔玛和通用电气等公司。你也会读到一些有趣的公司, 像冰激凌公司、镜子餐厅等，你甚至能碰到康提那拉里多餐厅的朋友们，然后就可以理解顾客为什么每年要去这家餐厅40多次。

每个公司都在持续发展自己独特的文化，借以在自己独特的市场上取得成功。尽管各个公司有不同之处，也有相似的地方。这些相似之处可以称为"6个选择"。

注重深度管理公司的选择：

1. 坦率诚实地告诉自己真相和价值观。

2. 在任何情况下都追求最优秀的而不是最容易的。

3. 加强内外部伙伴关系的力量。

4. 集中力量做最主要的事情。

5. 表现出负责的勇气。

6. 每天都学习、成长和提高自己。

这本书始终贯穿着两个主题：

1. 深度管理与其说与知识相关还不如说与做事相关。市场精英减小了知识和做事之间的差距。一般企业和注重结果型的企业之间的差距在于后者切实地做业务的每个部分——策略发展、运作、认识。

2.建立使你在市场上成功的文化没有 6 步、10 步或 12 步的步骤。这里你看到的一些策略和技巧可以立刻应用到你的环境中去，其他的则要和原则结合起来。

第一章讨论了深度管理文化是你最重要的竞争优势这个论点。你可以了解到注重结果的文化特征及测试你的文化有麻烦的方法。

第二章是和真相和坦诚有关的。事实上存在着 3 种类型的公司——平庸的、优秀的和精英的。除非你告诉自己真相，否则什么都不会改变，这一章为你所在的位置画出了一个图示。

第三章是最重要的部分之一——选择并追求最优秀的而不是最容易的东西。你是追求最好的策略以取得有意义的结果，还是走一条容易的路跟在你的竞争者后面？你是做最佳的运作决定，还是偷工减料让你的产品被赶出市场？你选择最优秀的人才，还是随意聘用些很快就能找到的人，即使他们能力低下而且与你的企业文化并不匹配？

第四章讨论了加强伙伴关系的力量。有这样的暗示：如果你的客户不主动为你卖产品，你就有事可做了。

第五章讲述的内容是：集中精力，你就会发现几个公司怎样通过运用动机、原则、目标以及程序来取得有意义的成果。

第六章讲述责任感。这是个人也是企业最大的问题之一，一旦你掌握了责任感，它就变成你怎样克服挑战的问题，而不是怎样解决它的问题。

过去的成功表明你曾经是正确的。第七章和你分享怎样通过改变、学习及成长达到新标准，以此来保持对成果的追求。

把这本书上的知识变为你自己的吧。不管你的公司有 1 个人还是 10 个人，书中的概念和观点都将奏效。在书边上注释，画下重点、打着重号、折起书页吧，以便能够记起想回头再看的部分。你可以在很短的时间内看完这本书，却可以永远研究它。你可以连续读每一章的内容，也可以随机选读。

你不会看到许多数字和比较分析，你甚至会责备这本书提供了太多的例子而不是理论或数据。但是，例子和应用的东西比图表更有可读性。

　　爱因斯坦曾经说过："任何事情都应该做得尽可能简单，但不是马虎。"本书的目的是和你们分享立刻就能够使用的观点，这些观点将帮助你用一种简单直接（也希望有趣）的方式创造一个实现深度管理的公司。你准备好了吗？现在开始吧。

目录

第二章

用合适的人实现更重要的结果

第一节 庸才、人才还是精英，结果告诉答案

第二节 营造坦率交流的氛围

第三节 你能洞察真相吗

第三章

管理要追求卓越，而不是只图容易

第一节 追求最优秀的而不是最容易的

第二节 管理者，就要卓有成效

第三节 做出最重要的选择

第四章

打造实现持久收益的健康关系

第一节 将业务托付给务实的伙伴

第二节 建立伙伴关系的原则

第三节 信任是健康关系的灵魂

第五章

集中精力：用更少时间，解决更多问题

第一节　将精力集中在想要的结果上

第二节　激发团队获胜的动力

第三节　有效的鼓励，才能保持团队的精力和动力

第六章

管出执行力：让员工主动向自己问责

第一节 责任决定结果

第二节 让员工为自己的行为负责

第三节 学会有效授权

第七章

塑造企业文化：从理念意识到行为习惯

第一节 让明天的结果比今天的更好

第二节 企业文化需要不断转变

第三节 遵循企业文化还是跟着领导走

第一章

深度管理：为什么管理要专注输赢

我最关注的问题是……我们丧失了团结、文化、精神。如果我们真的丧失了这些，我们就丧失了最有价值、最有竞争力的东西。

——赫伯·凯勒

第一节 注重结果的管理理念

市场决定论

市场从不说谎——结果决定一切！这是一切场合衡量成功的标准，不论是网球场上的竞技，还是地方法院内的辩论，不论是教室里的竞答，还是会议室的辩驳。它适用于各个层面上的每一个人。

获得第二名的团队绝不会被邀请举起超级保龄球奖杯，然后发表一些我们每年都能听到的陈词滥调。这项荣誉只属于赛场上取得成功的团队。每年有 5 人被提名获得最佳影片奖，但只有一位电影制作人在发表超长的演讲时被乐队打断。

由于取得了不俗的结果，沃尔玛成为排外性俱乐部"财富 1"的成员。2005 年戴尔公司被《财富》杂志授予"最受欣赏的公司"的称号，原因——你能猜到吧——是优秀的结果。

还需要更多的例子吗？这些怎么样？

◇ 丰田：生产出不同价位的非凡品质的汽车，这是年复一年地锻造世界上最高效的汽车加工厂的内部金牌标准——如果不是白金标准的话。

◇ 诺兹特洛：每次每个店里都有许多种选择以及令你流连忘返的服务。

◇ 威格玛食品市场、普伯利克斯和食品总店：这3个连锁杂货店证明自己是信得过的，关心顾客会使他们一再光顾。当然，这样，它们在盈余以分计算的行业内取得了可观的利润。

◇ 容器商店：热情而富有爱心的人们帮你组织（或简化）你的空间，并使之疯狂增长。

◇ 通用电气公司：拥有100多年技术领先地位的全球化公司，并继续发展创新，成为销售、赢利、运作观念等方面都领先的公司。

◇ 星巴克：只因人们喜欢那里的饮料、环境和人，每周就有3300多万人排队付天价来买在家只需几便士即可做出的东西。

最优秀的人了解什么、做些什么

公司喜欢那些超越成功的东西，它们因服务优质、产品丰富、不断创新和执行高效的原因驱散了竞争。它们的表现有力地证明结果决定一切。它们的竞争优势是一种强势文化，这种文化能够赢得顾客和职员的心、智力和忠诚。

就这些吗？那产品、服务和策略呢，它们不是重要因素吗？

也许是吧，但值得怀疑。

咖啡、玉米和你

拥有优质产品和优良的服务就可以保障你最低限度的成功，这样的日子已经一去不复返了。提供质量上乘的产品和优质服务已经成为你入局或者不出局的起码要求了。

乔·考莱威，《品牌策略》的作者，这样说道："市场已经日用品化了，顾客到处都能看到等值物。"

顾客看到等值物，因为存在着等值物。顾客只需打个电话或者访问一个网站，你的竞争者便可提供与你基本相同的产品和服务，价格则相差无几或者更低。

这就意味着在顾客的眼中，我们就像世界各地露天市场上交易的咖啡、玉米及其他日用品，我们对于顾客的价值只是基于供求关系。

不过我们有个更好的策略

假定你的策略优于竞争者的策略。这些竞争者需要多久就可以照搬你的策略或者改进原有策略呢？你有什么措施保证市场不会一夜之间改变，这种改变会使你的策略过时甚至妨碍你成功？

即使是大公司也必须以几年前还闻所未闻的速度运作。

这里有个例子：通用电气公司把生产涡轮机钢壳的原料

运送到墨西哥生产，因为在那里生产这种钢壳要比在美国国内生产的成本少40%。后来他们又把它送到韩国生产，那里的成本比墨西哥又少40%。将业务从墨西哥转移到韩国的时间一共只用了45天。

如果说像通用电气这样世界上最大的公司之一都可以通过迅速转移而改变它的策略和执行方法，你真的相信你如今的做事方法可以免于过期失效吗？也许正因如此，前CEO（首席执行官）杰克·韦尔奇这样说："所有这些你准备的垃圾基本上都毫无意义，重要的是你必须灵活思考，迅速行动。"

你现在可能拿出一项独特的产品或服务，但如果你提供的东西真的有价值，迟早会出现分享你的市场份额的竞争者。与你竞争的人或公司越多，你就离"我也一样"型的企业或行业越近，这种企业或行业的服务和产品以相似性而不是独特性为特征。在每个人都做同样事情的环境里，文化总是可以打败策略。

32年和计算方法

当你询问美国西南航空公司的情况时，只能用3个词语来形容：有趣、可靠、廉价。不可能再有其他更恰当的词了。它的宗旨是"致力于奉献最优质的旅客服务，传递一种温暖、友好、尊重个人的企业精神"。

另一个可以与西南航空公司联系起来的词语是赢利。在写这本书时，西南航空公司已经连续 32 年每季都赢利，而在这个行业内许多公司甚至不能做到连续 32 周赢利。

是什么造就了美西南航空公司呢？

人们指出，它的路线结构、低成本运作、不提供饭食以及只用同一种类型的飞机，这些节省了维修费用和培训费用。

这些当然是成功的因素，但不能解释为什么尽管不断有人企图复制西南航空公司的策略，却没有人复制到它的成功。答案在于文化。

公司前 CEO（首席执行官）、董事长赫伯·凯勒说，你可以拥有同样的飞机、同样的购票柜台、同样的脚踏布、同样的行李传送设备，但西南航空公司的文化是最难以赶超的。

西南航空公司知道一个规定飞机到达目的地后 20 分钟返回的制度远远没有一种令人期待的文化重要，而每个人都以达到这种期待为己任。可以说它们对使旅客愉悦、服务及成本效益的态度也是相同的。

你的文化为你带来经济效益了吗？

关于这个问题，许多公司的 CEO，他们的回答都是一样的：是！

史密斯巴克林公司是全球最大的协会管理公司，它的顾客包括宠物食品协会、信息设计协会以及全美国整形外科护士协会。亨利·吉弗瑞 1983 ～ 1988 年曾在这里工作，2002年回到这个公司担任董事长和 CEO。大多数的 CEO 都努力做好制定策略、提升营业额和提高运作效率等类似的事情，而亨利最先着手做的却是文化。他过于关注文化，以至于几位资深领导人怀疑他知不知道自己在做什么。

亨利是这样说的："我20世纪80年代在公司工作时，从未听到人们谈论企业文化，但经过这些年我总结出可以引导和鼓励员工的真正的企业文化，是可以积累、联合、加强并保留下来的。这就是有一个好收益和建立持久的公司的不同。所以我将建立文化当作我的领导班子所做的第一件事。"

有些人认为亨利的话只是企业心理的呓语，如果问他们能够量化他对企业文化的热爱，他们的回答证明了他们的观点：

"从开始经营史密斯巴克林文化至今的3年中，我们打破了前50年的所有经营纪录：企业增长、客户承购、获利金额、员工满意度———一切方面。"

真是令人难忘呢，嗯？

所有类型的企业领导人都应赞同亨利的说法。加利·奈翁，第一银行公司的CEO说："我们的业务模式以人为中心，而不是以产品为中心。我们知道我们发展了与员工的长期关系，而员工则发展了与我们所服务的人群的长期关系，这样我们就能挣更多的钱。"

一直如此

小托马斯·华生，1956～1971年IBM的CEO，他说："对于企业的相对成果而言，企业的基本哲学思想、精神、动力比技术资源、企业结构、产品创新和时间调配要重要得多。"

他在1964年决定投放一条计算机主机生产线，《财富》杂志称这次行动为"IBM的50亿大赌博"。华生所信赖的IBM的文化的力量渗透了整个企业，并使公司统治市场的时间长达几代之久。

宝洁公司有着150多年的成功历史，也是一个信奉结果决定一切的企业。威廉·普瑞克特和约翰·加普于1937年进入竞争激烈的肥皂和蜡烛制造业。现在听起来这似乎不像一个有远大发展前景的行业，但请记住肥皂和蜡烛在当时都是很重要的商品。仅在俄亥俄州的辛辛那提就有14个竞争者。

许多人都知道宝洁公司是传奇品牌象牙皂、汰渍、佳洁士的创造者，人们也承认它在市场和市场调查方面的领导地位。哈里·普瑞克特，威廉·普瑞克特的儿子，是第一批因展示广告而取得成功的商人之一。公司于1924年成立了自己的市场研究小组，也是早期肥皂剧的主要赞助商。

然而，很少有人知道，威廉·古泊·普瑞克特，创业者的孙子，把公司的条款修改成"公司的利益与员工的利益是分不开的"。

宝洁的品牌是传奇式的。很多美国大妈从来不会买其他洗涤用品，只会买一些汰渍牌产品，从来不用"油"做菜，只会用"克里丝可食用油"。购物清单上会写着"象牙皂"，而不是"沐浴皂"。虽然公司总是推陈出新不断地做广告，然而它的口碑是建立在公司运作基础上的。

宝洁文化是建立在特定的目标、价值系统和运营原则上的。公司纪律严明、顾客至上、积极进取。它的价值观体现着用爱心来换取成果、各层次上的领导地位、整体性、信任感以及自持感。

几年来，密苏里州圣路易斯一家肥皂厂的顾问见证了宝洁文化的运行，当时，这位顾问正在为这家工厂制定一些员工纪律补充条款。他读了一些材料，发现公司在项目开始之前，主要考虑策略及根据事实来做决定，但是这些对他的工作没有什么帮助，他的工作是要把这些原则在文化里形成制度。

他在第一次回答问题时，用了"我认为"这个词，设计小组中12个人同时微微变了脸色，他第二次使用这个词时，遭到了挑战。幸运的是，休息时他从与其他成员的接触中得到了有价值的建议。在宝洁公司，一个更好的回答是："我们的经验显示"，或者"我们的数据显示"。

文化不仅仅是感觉棒

有人会说："文化就是让每个人都感到愉快、对别人亲切之类的事情，我们不做所谓注重结果的事情，我们只在乎数字。"

宝洁公司的人也是这样啊，多数人都承认文化是他们成功的关键部分。汤姆·彼得斯和鲍勃·沃特曼于 1982 年合写了一本书《追求卓越》，其中提到宝洁公司；詹姆斯·柯林斯和吉弗瑞·保拉斯的《基业长青》一书中也强调了宝洁公司。仅仅让人感觉愉快并不能成为长盛不衰的公司。人民快航使人感觉愉快，但它仅存在了 6 年。

6 年和 150 年，你能看出差距吧！没有伟大的文化，你不可能取得伟大的结果，没有结果的文化毫无价值。

建立公司文化所要做的事情远比令人感觉愉快要多得多。招聘是其中一个很大的部分，但没有效果的招聘只会使公司面临绝境。

每个人都有一种文化

在所有对文化的定义中，MSN 微软电子百科全书的定义最恰当：文化是"生活在社会群体中的人们学习、创造、共享的行为及思想"。

一个企业的文化包括它的信仰、远景、行为、语言、仪式、标志、服装风格、互动方式、交流和保持力量的程序，以及对行为和表现的加强和修正。

很多人误解了文化——至少不完全正确。他们的公司当然有一种文化，只是你不会把它当作一个正面的范例列出来。

每个公司的文化都增强或者减弱它在市场上成功的能力。你的目标是决定你需要哪一种文化来帮助你取得成功。

注重结果的文化

注重结果时文化具有下列内涵。

◇ 一套公司理念、设想、支持结果决定论的价值观、内外部关系以及责任感。

◇ 持续地取得想要的结果，这样的结果使得公司在顾客、员工、股票持有人的心目中占有特殊的地位。

◇ 人们说会根据管理工作和所有权来做出选择，他们也会这样做的。

◇ 个人与经理、团队及部门之间应相互尊重、合作、信任。

◇ 个人、团队、部门的表现应与公司策略和经营目标结合起来。

◇ 公司进行各个层面的，不论大小、持续不断的改进与创新，从而提高公司的影响力和效率。

◇ 拥有吸引并能留住珍惜表现机会的高级人才的环境。

你的文化与众不同

第一银行公司的文化与史密斯巴克林公司的文化不同，史密斯巴克林公司的文化与宝洁公司的文化不同，而宝洁公司的文化与西南航空公司的文化也不相同。

因为你的文化将成为你的竞争优势，因此它必须以你的现实和决定为基础。我很怀疑你能够看到宝洁的 CEO 在万圣节晚会上装扮成 20 世纪 70 年代的摇滚组合 Kiss 的成员，但这个造型很适合西南航空公司的 CEO 加里·凯勒。

正是这些人使公司的生意蒸蒸日上。成功在你的环境中非常重要，如果没有一种专注于成功并为之努力的文化，多么了不起的策略也会失败。

特莱斯·德尔和阿伦·肯尼迪在他们的《企业文化——企业生活中的礼仪与仪式》一书中，指出一些决定企业文化的因素，包括以下内容。

◇ 公司环境：以销售额为基础的公司常与以研究或服务为基础的公司的文化不同。

◇ 价值观：价值观是公司借以建立的概念和理念。有些公司声称他们的价值观是激情和梦想，有些公司则将它定义为每个人都遵循的标准。

◇ 精英人物：精英人物是那些能够使人们了解公司真正价值的人物模型（公司认可或非认可），在最好的公司里，精英人物体现了公司既定的价值观。

◇ 仪式和典礼：每天的例行仪式显示了公司运作风格中的直观而强大的信息。

◇ 文化网络：文化网络是承载着价值观、信念、设想和期待的交际网络。

我们想与他们一样

"我们想与西南航空公司一样。"

某位企业管理者的话很有意思，他之所以这样想的理由是：

"因为，如果我们有与西南航空一样的文化，我们便可以像西南航空一样地运作。"

这位管理者之前读了有关西南航空公司神奇的文化的文章或者参加了类似的讨论会就想借鉴这种文化。这位管理者的问题是他想仅仅原封不动地往公司注入这种文化精神。

这是一个有诱惑力的想法——建立一种新的文化就会看到运作不断改进，成功冲破屋顶，一飞冲天。不幸的是，事情不会这样发展。你的公司文化不是一种可以下载然后安装的软件，它必须经过长期的引导、影响和加强。

第二节 让每个人都参与管理

公司的DNA

伟大而持久的公司的运作都是注重结果的。这是它们的DNA（脱氧核糖核酸）的一部分。这种DNA不是生物意义上的，而是商业意义上的。这种DNA是后天习得并经过长期磨砺的，它代表纪律、性质和心态。

注重结果型的公司总是专注于纪律并能完美地执行，公司管理上乘、服务周到和整体性的性质都将帮助公司建立内外部伙伴关系，公司的员工都具有责任感和取得成功的激情，这使他们与那些眼高手低的人截然不同。他们从不找任何借口，他们吸取失败的教训然后继续前进。

正如人类的DNA自动遗传个人基因密码（一个人之所以成为这个人的一切）给下一代，企业的DNA将信息传播给顾客或者委托人。企业内部的纪律、性质和心态、从怎样对待顾客和员工这样一个光荣的使命的高度造就了公司整个的文化。

注重结果型的公司使这种动力成为他们的优势。虽然技术、价值链、分配模式也很重要，但这不是造就一个持久型的公司的关键因素。将公司文化当作你公司的 DNA，这种 DNA 将促使成功与人事的结合，并允许你往公司的每一层面都注入一种使命感。这会使你效率高、影响大，而且独特——使你在竞争中与众不同。

这就体现出公司与人类的不同之处：公司可以选择改变他们的基因组成。当然这并不容易，而且费时，但是能够做到。

通过改变运作来改变文化

每一个公司都有自己的目标和价值观。没有一个公司说："我们要冷落顾客，虐待员工。"但在现实生活中，这种事情经常发生。就像前面提到的那位企业管理者，希望通过改变文化来改进运作。有这种想法的公司和领导者把它们之间的关系弄颠倒了，你只能通过改变运作来改变文化。

设想、信念和价值观驱动行为方式和运作方式，长期的行为方式和运作方式变成习惯，而习惯决定了你的公司的文化。

若想建设结构导向型文化，你必须首先建设一种习惯，这种习惯使你能够按照你们挂在墙上的目标和价值观来行事和运作。

你的文化有麻烦了吗

戏剧演员杰夫·福克斯华兹曾表演过这样一个片段:"你会意识到自己是个乡下佬,如果……"这个模式可以很容易地运用到企业文化中去:你会意识到你的文化是限制你成功的因素,如果你看到:

◇ 营业额高却士气低落:优秀员工决定寻求其他工作机会,留在公司的员工执行任务时显得士气低落而懒散。

◇ 频繁的不连贯:每个人都不时地请假,业务量图表的变化也反映了文化,连贯性是注重深度管理的公司的一个标志。

◇ 缺少对外部环境的关注:压抑的文化只看到内部出了问题,注重深度管理的公司则关注服务顾客,其与市场上其他人竞争而不是与内部人员竞争。

◇ 短视思考:为了在市场竞争中存活,需要不断地关注结果,但这不应是短视思考的结果。注重结果的文化绝不会为了短期的成功牺牲长期的生存能力。公司会寻找两全其美的办法。

◇ 毁灭性的亚文化泛滥:具有团队自豪感本是好事,但任由自豪感蜕变成为难以穿透的企业地下室,绝对标志着一种破碎的文化。

◇ 妨碍别人的成功：意见不合造成宿怨，故意保留信息。

这些特性都是某种文化所独有的，在这种文化里，团队精神只是喊喊口号。

◇ 愈演愈烈的冷嘲热讽：愤世嫉俗的眼光常常认为会发生可能的最坏的结果。因此，透过这种眼光，在有问题的文化的环境下，人们看待一切问题都会变味，不管是好是坏。而注重结果文化则批判地看待机会，并改进和拥抱那些值得投资和投入精力的机会。

这从来就不仅仅是一件事

建设一种可以驱散竞争的文化就像制作一种美味酱汁。为了做出一道风味独特的美食，需要整小时地炖、加减原料以调出最合适的成分，而下次再做时，还需要努力改进。

创造一种强势文化的领导所做的事情与此基本类同。大量实践证明，注重结果型的公司在以下6件事上与它们的竞争者的做法不同，或比它们的竞争者做得更多。这6件事情就是持久性的公司与其竞争者之间的不同之处。

注重深度管理的公司会这样做：

1. 坦率诚实地面对真理和价值。

2. 在任何情况下都要追求最棒的而不是最容易的东西。

3. 平衡内外部伙伴关系的力量。

4. 集中精力做最重要的事情。

5. 表现出负责的勇气。

6. 每天都学习、成长、提高。

没有什么正确的公式。在不同情况下"配料"不同，有些策略甚至涉及多个领域，这从来就不仅仅是一件事情。

每个人都参与管理

多数的领导发展方案都忽略了这一点：方案都没有问题，只是针对的人群过于有限。我们都毫不怀疑地认为公司的领导者是经理、主管之类有工作经验的人，而只有他们才对公司的文化创建负有责任，这是多么可怕的浪费！

领导是一门通过影响别人的行为和决定来取得成功的艺术。根据这个定义，每个人都可以做到这件事情，每个人都是领导者。公司的行政助理、维修技工、电脑系统分析员和客服代表属于最有影响的人。

当然，经理和人力资源部起到很重要的作用。但一个非管理者讨论的"公司一团糟"的原因与管理者的所说和所为具有同样的影响力，如果不是影响力更大的话。

你的公司文化决定了做事方式，而不管政策、指导或管理动机是什么。经验表明，公司里有些事情的发展根本没有管理者的印记。如果你不信，可以和你的办公室接待员或资深行政助理坦率地谈谈，你可能会学到很多关于怎样在公司做事的知识。

注重深度管理的公司绝不会接受这样的观点：只有领导者和人力资源部才有责任创造、保持文化。每个人都负有责任，因为我们都参与创造了文化。

深度管理原则

◇ 在产品和服务都成了商品的世界上，强势文化是你的竞争力。每个公司都有一种文化，或增强或减弱公司在市场上的竞争力。你的目标是要决定你需要哪一种文化并借以取得成功。

◇ 持久性公司在它们的运作过程中都表明深度管理决定一切，这是公司的 DNA——纪律、性质和心态的一部分。

◇ 如果你不改变运作而等着文化先改变，不会有任何事情发生。文化随着运作的改变而改变，而不是相反。

◇ 并没有什么神奇的公式来创造强势文化，原料是相同的，但在不同的情况下以不同的方式组合起来，你的挑战就是要找到一种组合方式使你的公司取得成功。

◇ 每个人都影响他人，为创造文化而努力是你的责任。

第二章

用合适的人
实现更重要的结果

真理会使你自由，但首先它令你特别。

——拉里·卫格特

第一节 庸才、人才还是精英，结果告诉答案

在顾客的心目中，你要么是庸才，要么是人才，要么是精英。是他们而不是你自己决定了你是否比其他人优秀。他们让你明白你的文化是对你有利还是不利。

那么你在什么类型的公司工作？

诚实地看待你的结果，而不仅仅看上季度的盈亏报表和销售额，要看全面的结果：顾客的满意度如何？你的利润与你的竞争者相同还是优于他们？职员的营业额指数和低满意度是否降低了运作效果？你的现金流向如何？你的价值观在奏效吗？你的梦想和志向都实现了吗？

不要只看到今年的结果，看看去年的、前年的、更前一年的结果吧，仅有一年的好年成并不能使你成为市场精英。也许你仅仅是运气好。

通过运作方式了解他们

成为庸才可不是难事。仅仅拿出平庸的产品和服务就可以使你快速地成为这样的人。而重复以往的事情——尤其是从某一点看来还算成功——等着全世界与你擦肩而过，也会让你慢慢地平庸。

平庸的人可以苟延残喘很长时间。事实上，他们中有些人幸福地与世隔绝，甘于平庸，或者依靠援助过活，欺骗自己。

想做一个人才则要费一番工夫。第一眼看去，人才极像精英，好似锆石极像钻石。远观都是闪闪发光，近看则差别明显。

人才所说的话全都正确。他们有使命感，而且有远见卓识。他们的价值报表公布在墙上，最新的管理项目列在其后，人们深信不疑在下一个报表中他们将位列榜首。他们能够取得连续的成功。

有些人才正在向精英转变。他们只需要少许的锻炼和经历便可实现转变，但大多数人永远也转变不了。套用一句得克萨斯州俗语：他们只有帽子，没有牛；只有闷闷的"哞哞"声，却没有肉来烤。

两年的奇迹

有一家服饰公司，从表面上看，它是市场精英，《财富》的名人榜上前 10 名中的 7 位是它的顾客，其有大量的盈余，还有天才的员工。

问题是这不稳定。其先经历过难以置信的增长，接着就是大幅度地削减工资和解聘员工，而这样做只是为了能够顺利开展业务。你可能会说如果经济低迷，企业会首先受到冲击，从而把这样做的责任一笔勾销。这种情况两年出现一次，形成模式，表明管理者没有诚实面对公司的状况。

简而言之，他们只是人才。他们假定几个旺季就会自动造就一个王朝，但事情不会这样发展，而人们只有在几次痛苦的经历之后才能学到这关键的一课。

你在正确的轨道上吗

精英人物或公司有一套自己的理念、价值观，以及行为方式，这是他们区别于庸才和人才的地方。你有做市场精英的潜质吗？你的行为和你公司的运作都注重结果吗？

表2.1是在大量调查研究的基础上总结出的精英或公司的主要不同之处，为你提供一个快速问卷，让你了解你的公司处在这个范围内的什么位置。这不是很科学，但它会很快反映出你的情况。

表2.1 结果决定一切问卷

	1	2	3	4	5
一个普遍的信念、设想、价值观驱动着员工取得成功、搞好关系、尽心负责、有一个一致的目标。					

各个层面的领导都始终如一地以一种特别的行为、观点和技能作为公司的模式，因为这些可以为公司带来长期的使命感。				
人们为自己的行为各负其责，每个层面都有一种自持感和个人责任感。个人、团队和部门之间都有一种互相尊重、互相合作和高度信任感，对别人的观点也是一样。				
公司各层面的目标都联合起来聚集到一起，目的是取得优秀的业绩以帮助公司在市场上脱颖而出。客户都很喜欢我们，主动帮我们推销产品。				
这里的工作机会可以吸引到高级人才，也可以留住那些珍惜机会、取得成功的顶级人才。				
每个人都将变化看作连续改进运作方式和适应新要求、新机会的积极手段。				
整体性是决定我们成败的关键。				
有一种高度的开诚布公的交流气氛，每个层面的人都可以畅所欲言以及聆听别人的意见。				

用下列标准给自己打分：

5= 查字典，你将看到我们的图表当作一个范例。

4= 如果这件事情不发生，那绝对是个意外，而不是规律。

3= 我们持续不断地努力，有半数时间做得还不赖。

2= 偶尔，但也许事有凑巧。

1= 你是干什么的，哦？

得分：

◇ 假如你得到50分：要么你在世界上最优秀的公司工作，要么你在测试中不够诚实。如果你确实在这样一家优秀的企业工作，恭喜你。

◇ 如果你的得分为40～50：你肯定正向精英转变。继续保持，要知道最后几步是很困难的。

◇ 如果你的得分为30～40：你是个人才，正往正确的方向前进，继续努力，你有潜力在市场上脱颖而出。

◇ 如果你的得分低于30分：谢谢你能讲实话，如果你对得分根本不在乎，可能你正慢慢变得平庸；如果你有挫败感，你属于人才的类别，好消息是你已经向市场精英和持续的成功迈出了重要的一步。

调查表放在这里，而放在前一章，是因为除非你能诚实面对公司的实际情况和现状，否则你的企业文化绝不可能改变。正像你期待的那样，这个测试的可信度和你是否愿意讲实话有直接的关联。

错误的思维模式——错误的设想

尽管服务差劲、产品劣质或有其他的反面迹象，很少有公司做出退出市场这种明智的决定。那世界上怎么还有那么多庸才和人才？

庸才和人才都用 3-D 观点来运作公司——Denial, Distortion, Delusion（否定、歪曲和欺骗）。他们否定市场的真实情况，歪曲自己的运作方式，欺骗自己并把自己差劲的业绩全都归咎于别人。这是他们文化的一部分。

持有 3-D 观点的公司总有一些先入为主的想法，这些想法使它们注定不能达到它们所希求的精英地位。这里是几个例子。

◇ 一次品牌推广活动就可以解决我所有的问题。2000 年，新闻报道了 Pets.com 倒闭的情况。特罗伊·沃夫顿这样写道："Amazon.com 支持的这家公司是当时最重要的网上宠物商店，以极度受欢迎的穿短袜会说话的木偶而闻名。"

穿短袜的木偶？这就是它借以闻名的东西？不是服务质量、企业运行模式的张力，或者策略的运行之类的东西？怪不得你还可以花 7.99 美元在 eBay 网上买到短袜木偶，但你永远也不可能在 Pets.com 网上购物了。

伟大的品牌总是以伟大的公司开始的，假定成功是品牌战役的附属品就会导致迅速的灭亡。记住，挪亚在洪水来临之前就已做好了方舟。

◇ 改进技术会解决我所有的问题：NFI 所做的一份研究报告这样说："两年前开始到现在，几乎 1 / 3 的执行主管和经理都将信息技术部（IT）看作一个可以为公司提供最强的策略竞争优势的部门。"

技术是提高产量的动力，如果时机合适，加强技术会对你的公司有好处。但是，每个人都感兴趣的东西怎么会成为某一个公司的特别竞争优势？

◇ 一个策略主动会解决我所有的问题：这是巴甫洛夫学说中的条件反射应对方式——商业媒体兜售一种解决方法，企业迫不及待地应用这一新方案，这样就确保了：

——生存。

——市场占有。

——利润提升、顾客满意度或士气上升。

——以上所有。

执行总管确定方向，投入一些资源（常常是上一个不成功的项目用剩的）员工又被要求接受磨炼。同时，他们还在想："这也会过去的。"

◇ 维持客户会解决所有问题。你曾在一个又一个的会议上听到这个数据——维持 5% 的客户会使利润增加 25% ～ 85%，而发展一个新客户比留住现有的要多花 5 倍的代价。

提姆斯·凯因汉、泰瑞·瓦波拉、莱思然·阿克萨和亨利·华拉德所著的《忠诚造就神话》一书很大程度上颠覆了留住顾客就可以解决所有问题的假设。他们论证说客户维持率和公司利润率之间的关系取决于当前客户维持率、当前利润百分比和维持住的客户的可获利程度。他们暗示 10% ～ 20% 的客户实际上给公司带来损失，维持这部分顾客当然不能指望成功，因为累加的损失还是损失。

同样的道理，作者们暗示有许多公司算错了获取顾客的费用，他们认为有关市场推广的努力仅仅是为了扩大顾客基础。然而，为了在已有的顾客中保持自己的品牌意识仍需要市场宣传。有些公司为了达到高利润的客户的要求比获取一个低要求的客户的花费还要高。

你注意到这样一个趋势了吗：每个假设之中都含有潜在的真理，同时也有导致同样糟糕的结果的可能性？注重结果型的文化以具体情况而不是大概情况为基础来追求真理。

其他的错误假设

3-D 观点引发的错误假设多得难以计数。下面是其他的你可能遇到的错误假设。

◇ 客户的抱怨是一件痛苦的事。是的，这也许是一种挑战，但也是你怎样提高产品质量和服务质量的最好的信息来源。美国质量及产量协会所做的一份调查显示，离开你的客户中 82% 是因为不满你的产品质量或所提供的服务质量。难道你认为他们什么都没说就离开了?

◇ 领导者必须懂得一切。谁也不会要一个无能的领导,谁也不会要求他们的领导熟谙一切。麦克斯·狄普瑞——赫曼米勒公司的前 CEO 说得好:"领导的第一要务是确定真实情况,最后一个责任是说谢谢,在这两者之间领导人必须充当仆从和债务人的角色。"

◇ 低消耗是唯一可走的路。在因特网上搜索"折扣"这个词可以找到 7000 万条相关信息,而搜索"低价"这个词,则有 2000 万个网址可以访问。轮胎、书籍、租车、旅游、鞋子、印刷、办公用品等应有尽有。你极有可能找到一个人以折扣价卖东西给你。沃尔玛、戴尔、西南航空公司都是能够控制低端市场的传奇公司,另外,许多精英公司避免了低价策略,也取得了持久的成功。诚实地面对你的产品和服务现状吧,如果说你生活在一个商品世界上,你的文化必定成全你的成功。但不要认为情况总是如此。看看你的购买习惯,你买的每一件东西都是仅仅因为低价吗?

◇ 员工们只关心自己。果真如此吗?那为什么美国西南航空公司的员工在"9·11"事件之后主动要求为公司总部的草坪剪草呢?员工们是关心自己,但谁能责备他们考虑员工与雇主之间的关系变化呢?如果给他们一个理由,他们也会关心为之工作的公司。

◇ 我知道我的竞争者是谁。苹果电脑公司是两个孩子在一间车库开创的，戴尔公司是从一间得州大学的宿舍开始的，而微软公司是另一个相似的故事。谁能想到竞争美国一个会计职位的人正坐在印度班加罗尔的一台电脑前面呢？你可以确定常规的疑虑，但永远不要忘记可能有一个你永远想象不到的家伙正在思考一种方法使你的行业、你的生活彻底改头换面。

◇ 唯一要紧的事情是底线数字。这种想法很可笑，这也是精英与普通人不同的地方。

杜·凡·阿斯戴尔，一家公司的CEO说："我每天都关注结果，每天都看数字。"

庸才和人才将这些言论当作只关注底线而不管其他一切的理由，而像阿斯戴尔这样的精英知道仅仅关注数字而不顾其他的与他想创造的文化紧密相连的质量标准，只能导致长期的平庸。依靠结果决定一切这一信条生存的企业同时关注定量标准和定性标准，这样才能取得持续的成功。它们在长期关注结果的同时也积极努力地维持一种独特而强势的文化。

第二节 营造坦率交流的氛围

向精英阶层迈进

3-D 观点疗法的第一步是追寻和承认事实，这也是建立一种可以驱散竞争的文化的第一步。

听起来很简单，不是吗？这些词语脱口而出，对这些陈词滥调我们都点头同意，心里却知道这很少能够做到。拉里·保司狄和兰姆·切瑞写道："虽然商人喜欢把自己看成现实主义者，但随意的想法、否定及其他形式的逃避现实却深深地扎根在大多数的企业文化中。"

压力使人们逃避现实

许多人都曾思索，为什么像阿瑟·安德森那样受人尊敬的公司会允许自己卷进安然的毁灭性骗局中呢？难道它们不知道当时事情的真相吗？难道它们不想保护自己和客户？

事实证明当时至少有些人明白事实真相。他们只是没有对安然董事会讲明而已。

14 位资深伙伴于 2001 年 2 月 5 日在阿瑟·安德森公司碰面，讨论是否继续与安然公司的客户关系。报告显示安德森的与会领导称安然使用的市场标记记账为"聪明的赌博"，而且对"安然依靠改变操作来达到经济目标"甚感担忧。

会议预定的结果是：决定让安然的董事会成立一个委员会来保证他们的 CEO 操作的私人普通股基金的交易公平性。

这个消息从未被转达。

那么为什么在阿瑟·安德森的伙伴们不承认事实并把它告诉安然的董事会呢？什么能够施加那么大的压力迫使人们避而不谈真相呢？

这个怎么样：一年 520 亿美元的收益，将来甚至更多？

每个企业讲出真相都既有风险又有回报。对安德森而言，潜在的风险远远不及获得暴利的机会的力量大。伙伴们只是关注短期利益，而没有顾及公司的生存。

追问的勇气

有这样一种情况：你好几年都用一个全国闻名的员工满意度调查表，员工反馈的情况是贵公司在每个问题上都位列全国前 20 位，然而贵公司的员工营业额是本地本行业的平均营业额的 2 倍。

你会认为真正的原因是补偿太低，然后花更多的钱去解决问题，还是会认为贵公司的员工与其他人不同，并且认定这个调查方案根本毫无用处？又或者你会召开董事会，承认你不知道问题出在哪里，并提议拟定一个计划继续挖掘这个问题直到找出真正的问题和答案？

吉姆·霍金斯博士是美国一位最敬业最有远见的公立学校校长之一，他总是追问问题的答案。通过由全体教职员工20% 以上组成的核心小组，他了解到留住老师最重要的因素是学生的行为，而不是薪酬或工作满意度。这样一来，他就可以集中精力，系统解决这个关系到他所有的委托人的问题，而不是做出一个错误的假设。

记住，讲出真相既有冒险的因素也有回报，回报很明显：找出教师高流动性的原因并解决这个问题会使霍金斯博士和他的团队成为精英。然而，他很可能找出一个答案，不对董事会的胃口，这也可能使他成为一个庸才。你会为了让董事会知道真相而赌上你的工作吗？

霍金斯博士显示了追问困难问题的勇气，而在阿瑟·安德森会议上的领导人却没有。这与你所在的公司的规模、收益、地位等毫无关系，这取决于一种承认事实，珍视事实的文化。

真相开始于坦率的交流

沃尔玛创业早期，山姆·沃尔顿就开始在周六上午召集各个店的经理们讨论营业情况，参加会议的人要批评公司的运作方式、促销计划，并讨论公司准备买进的商品。

现在周六早上的会议成了公司交流策略的中心点。山姆·沃尔顿相信这个会议是"沃尔玛文化的正中心"。经理、公司办公室的同事以及在商业区表现突出的同事都参加会议。讨论话题从商场出售的商品到与竞争公司相比之下的弱点无所不包，当然也包括怎样保持沃尔玛独特而有竞争性的文化。每个话题都公开讨论，而周六上午所讨论的信息周一上午便会传达到店里。

来宾（诸如政府显要、职业运动员、供货公司的执行主管，甚至社会名流）也不时地参加会议。科尔曼·彼得森，沃尔玛已退休的人力资源部执行副总说，与会的来宾常常评论说"沃尔玛人说话怎么那么直"。他相信人们真正注意到沃尔玛人在公开环境下谈论到业务和人事问题时，是多么的舒畅。公开交流时的舒畅气氛会使他们讨论具有更多的有意义的话题。

"我们彼此都非常坦诚，"彼得森说，"我相信原因之一是我们彼此都非常熟悉。山姆·沃尔顿喜欢到店里去，而沃尔玛执行人员平均每周在商业区花 3 天时间。这种熟悉感使得他们对一切事情都容易公开，公司内不同级别的人之间并没有许多障碍。"

开着的门

采用适当的开门政策以便每个人都可以提出问题，这种观点几乎成了企业管理中的陈词滥调。有一些管理者，他们竟真的把门卸掉，向外界表明他们坦诚交流的决心。

什么样的领导人会说："不行，你不能和我说话！"什么样的公司会采用这样的制度："顾客的抱怨是浪费时间，我们打算不理会这些！"

对你的坦诚交流的决心的真正考验，不是你的办公室有没有门，也不是告诉所有的顾客你的网址，而是人们走进你的门（形式的或真正的）讨论心头的事情而你有决心去倾听。

互相欺骗

精英们积极地追求真理、拥抱真理，庸才和人才则躲避真理。

拉里·保思狄（联合信号公司的CEO）刚到公司时，发现这个公司在表面上和他原来的公司——通用电器公司很相像：都有公司决策、运作计划和人事程序，也有预算与检查。然而，与通用电器公司不同的是，这些东西全都不能产出想要的结果。保思狄说："当你深层地运作这些程序时，你会得到丰硕的产出，你可以找到关键问题的答案。在联合信号公司，我们甚至不问那些问题，程序只是空洞的仪式。"

保思狄的挫败感容易理解。他在通用电器的前老板杰克·韦尔奇以珍视真理、着眼现实而闻名。韦尔奇说："公司里有超多的仪式，许多都是我们所谓的互相欺骗。"

每当你允许形式喧宾夺主重过本质时，互相欺骗这种事便可能发生。你的预算和运作检查都以行动为中心而不管结果吗？你的运作评估程序又如何呢？是否员工们都得接受等级很高的考核而公司只能产出平庸的结果呢？如果是这样，你又买卖了另一箱帽子（被欺骗和欺骗别人）。

不要忘记决策计划。你在斯沃特（力量、弱点、机会和威胁）分析表上列出的力量真的是力量吗？它们使你优于你的竞争者了吗？

你的才能如何呢，和你想象的一样高吗？

欺骗人的机会真是无止无休。

第三节 你能洞察真相吗

你不可能三者全是

这里有一个有趣的测试，你在下次公司大会或领导人撤换会议上可以使用。提出这个问题看看有什么反应："在我们所服务的顾客的心目中，我们是平庸、优秀还是精英企业呢？"

一位企业高层将他的公司40余位资深领导人分成小组来讨论这个问题，每一小组都就某一观点分成正方反方进行辩论，约1小时后将辩论结果汇报至集中小组处。有些人承认他们很可能是优秀企业，但大多数小组说他们拥有所有这3种企业类型的元素。

下面发生的是一件奇妙的事情。

正当最后一个小组为它卖帽子的行为提供合理的借口时，CEO从座位上跳起来说："如果你告诉我，我们是一帮庸才，我们太吃惊了，说什么也不能接受。"

CEO 继续解释说，如果任何一个部分都是平庸的，那么整个企业就是平庸的。就像海上同一艘客轮上的船员一样，我们得面对同样的灾难，但也拥有同样的优点啊。如果船首安全地驶入港湾，船尾当然也到了。如果船首沉没了，船尾也会沉没。

这个领导迈出很大的一步，他实现了一件重要的事情：把每个人的未来都交织在一起，也因此把他的公司变成一个精英公司。

那又如何

你为什么会关心你所在的公司是平庸的、优秀的还是精英呢？如果你面对现实，这又有什么关系呢？

如果你是企业主或者资深经理，答案便很明显，那是你的基本工作，不是吗？

但如果你不是制定决策、决定对策或者引导别人行为的人，你为什么会关心？

很多年前，管理学家德鲁克有机会为一家杂货批发商修订补充那个讨厌的"决策动机"。其目的是改善工作关系、增强责任心以及将每个人的精力都集中到想要的结果上来。

有一次，德鲁克和 200 多个员工开交流会，会议进行到第二阶段时，有一个员工利用这个机会让德鲁克知道他究竟在想什么。

"这全都是废话。"他在房间的后面嚷道。

在涌向心头的多种应对措施中，德鲁克幸运地选了一种适当的反应："对不起。"

"你听到我说什么了吧，这全都是废话。"

所有的眼睛——包括那些簇拥在墙角的经理们的眼睛——都被德鲁克和这位员工两个吸引过来，德鲁克决定公开他们的谈话内容。

"真有趣，你为什么这样想？"他的回答让德鲁克不知所措。

"你不知道我的经理们，他们永远也不可能成功。"

德鲁克决定直接告诉他："这很滑稽，因为你的经理们也是这样评论你的。看来你们得做个选择，要么努力工作，要么从现在开始两年内，这个房间的人将减少20%。"

结果不难预见，兑现时德鲁克也丝毫不吃惊。德鲁克只是看了看他们的结果，利润被挤出来了，竞争者们在争夺顾客，并且上至工厂经理下到每个员工都被紧套在不信任的愤世嫉俗的预言怪圈中。他们正迅速滑向平庸阶层却谁也不愿意承认。

结果和责任心

精英们知道他们拥有在市场上证明自己的机会。这不是什么不惜一切代价要出国或者什么"贪婪是优势"之类的心理机制。之前我们已经发现这种思考方式的代价了，我们真的还需要企业和个人不顾责任一味追求结果所造成的灾难的提醒吗？

精英们喜欢这样的事实：结果决定一切。他们也珍视通过道义上和责任上的竞争表现出比其他人优秀。这关系到爱、骄傲和在如今的世界上生存。

你能洞察真相吗

杰克·尼科尔森在 1992 年的电影《几个好人》中扮演纳什·R.约瑟夫上校，在高潮场景中，他与陆军少尉丹尼尔·柯非（汤姆·克鲁斯扮演）狭路相逢，柯非问他正在调查的谋杀案中到底发生了什么事。当柯非逼问他事实真相时，他说了这句不朽的名言："你想知道真相？你根本不能把握真相！"

你可以把握真相吗？注重结果型的公司寻找一切机会来了解它们的决策、运作、环境和顾客经验的实质。

市场从不说谎，所以你为什么要对自己说谎呢？如果你不行动起来就不会有任何实质性的变化。你是一个庸才、人才还是精英？

深度管理原则

◇ 在你们的顾客的心目中，你要么是庸才，要么是人才，要么是精英。市场精英的运作经验都表明，结果决定一切。

◇ 成为注重深度管理的企业不是要不惜一切代价成功。市场精英们懂得，如果想取得长期的成功，绝不能将成功的动机与道义上的责任感断然分开。

◇ 庸才和人才都用3-D观点来运作公司——Denial, Distortion, Delusion（否定，歪曲和欺骗）。他们否定市场的真实情况，歪曲自己的运作方式，欺骗自己并把自己差劲的业绩全都归咎于别人。

3-D观点疗法的第一步是不断地追寻和承认事实。

◇ 对你的坦诚交流的决心的真正考验，不是你的办公室有没有门，也不是告诉所有的顾客你的网址，而是人们走进你的门（形式的或真正的）讨论心头的事情而你有决心去倾听。

◇ 除非你告诉自己真话，否则不会有任何实质性的改变。

第三章

管理要追求卓越，而不是只图容易

真相就在你的身边，要紧的是你将注意力放在何处。

——罗杰·凡·奥奇（哲学博士）

第一节 追求最优秀的而不是最容易的

注重深度管理的公司靠以下 3 条规则生存。

1. 知道自己是谁。

2. 知道自己想做什么及怎样做。

3. 不断地集中精力遵守以上 2 条规则。

这些公司将使用不同的手段将意图转化为行动：制订决策计划、调整客户关系、提高工程质量、采用平衡计分卡，以及使命、观点和价值观报告表。

前面已经提过，平庸企业和优秀企业会做一样的事情：即使是业界内最差的公司，其墙上和小会议室内都会贴满有关使命感、观点和价值观的报告表。

注重深度管理的公司与其他公司的不同之处往往在于追求的目标不同。

你将做出的最重要的决定

斯沃尔汽车公司的汽车代理经营得特别好。它的凯迪拉克和莱克斯的销售业绩长期在美国排首位或接近首位。

斯沃尔汽车代理知道自己是谁：一个汽车公司。它知道想做什么事：提供最好的销售和服务。它知道怎样做这件事：不断完善自己，把自己变成执行高效、完全专业、真正关心顾客的公司。

卡尔·斯沃尔是公司的拥有者，他说公司做过的最重要的决定就是选择成为最好的公司。做这件事使"生活更简单、更有趣、绝对更有益"。他的真正的意思是这样的：

◇ 当你有一个清楚的标准来衡量你的选择时，做决定便容易多了。如果一个行动会将你在寻求成功的路上推进更远，就做，否则，不要做。

◇ 取得成果会使每个人都变得更幸福，也常常导向更好的运作。如果你不是那种为拥有成功的机会而激动的人，你也许会选择自动退出公司。

◇ 顾客想与最好的公司合作。如果给他们一个机会，他们会用业内最好的荣誉回报公司。

3 种类型的选择

大多数公司面临的主要选择可分为 3 种类型。

1. 领导部分：这包括有关公司的方向和运作的一些决定。

◇ 使命感、观点和价值观；

◇ 资源分配；

◇ 决策目标；

◇ 运作方法。

2. 运作部分：这包括有关公司提供的产品和服务的所有决定。

◇ 产品和服务的传递；

◇ 信息系统；

◇ 结交客户；

◇ 支持程序。

3. 人事部分：这包括有关人员聘用去留的决定，比如在适当的时间以适当的观点和动机聘用，或者保留适当的人在适当的位置上。

◇ 筛选人员；

◇ 工作系统；

◇ 员工满意度；

◇ 员工教育和培训。

追求最优秀的而不是最容易的，当这 3 方面的规则都得以采用，其改变公司的威力便会全面实现。这一章将提供一些例子来说明在一些成功的公司中，这些是怎样操作的。

追求你最远大的目标

一个公司若想追求最优秀的而不是最容易的，领导者要做的就不仅仅意味着写一些使命、观点和价值观的报告表挂在墙上。它要求有一些个人和公司的规章制度将每个人的行为和决定提高到一个更高的标准。一些注重深度管理的公司根本就没有正式的任务报表，或者即使有，他们也不称之为任务报表，以免有的员工以前在其他公司因为任务报表可能经历过一些糟糕的事情。

麦克尔·德格瑞格里和科丽·白露丝·德格瑞格夫妇都是厨师，他们与乔·卡罗威合作开了一家叫作镜子的餐厅，他们开创了一项业务使客人一再光顾。

美国航空公司飞行中提供的杂志把镜子餐厅指定为美国最热地点之一。镜子餐厅和镜子酒吧位于田纳西州纳什维尔新建的十二大道区，这里是美食天堂，提供全镇（也许是全美）最好的马丁尼酒。

卡罗威说："我们想要一个独特的地方，让顾客觉得不再在纳什维尔镇。我们使用新潮、想象力、永远的美食、欢迎之类的词语。我本质上从来就不信奉任务表，因此我们从来没有什么书面的东西。有趣的是，几乎所有的顾客反馈都使用了'新潮'这个词，而许多人都明确地说镜子餐厅不像一个纳什维尔餐厅。"

你明白了吧，这不是报表的问题，而是要做出选择，制定规章制度去追求它。

晚会入场券

很多人年轻时，选择最好的车就是买凯迪拉克，其他的豪华车也许已经出现了，但在很多人的世界里，凯迪拉克就是标准。凯迪拉克已成了最好的同义词，以至于我们把它用作形容词。斯奇文生产凯迪拉克自行车。国际收获者公司制造凯迪拉克拖拉机。而女王乳品公司生产凯迪拉克冰激凌圣代。

这已经不再是只有一个汽车制造商在市场上独占鳌头的时代了。凯迪拉克也许在列，但还有莱克斯、奔驰、因菲那特以及其他品牌。在中端和底端市场上情况也是一样的。

想要皮座椅吗？如果一个制造商可以提供，其他的也可以。前轮（或全轮）驱动、高级音响系统、彩色轮子、遮阳篷，还有方向盘的情况也一样。每家都以相似的价格和付款方式出售基本相同的产品，并且每一家的质量也基本相同。

很可能你的产品与服务在业内的地位与此相似。纳税申报单就是纳税申报单，银行转账就是银行转账，基本杂货就是基本杂货，实际上日常使用的每一项产品和服务都是如此。市场上有1000多种香波，你真的认为有一种会比其他的更能洗净你的头发吗？

那么，你为什么还认为仅仅提供具有基本特征的产品是大买卖呢？

在如今的世界上追求最优秀的，而不是最容易的，意味着成功地实现提供最基本的产品是生存所需的最低要求。独特性才能决定成功。

第二节 管理者，就要卓有成效

糟糕的基本品质使你的独特性无效

糟糕的基本品质使你的独特性无效，这一点是德鲁克为金融服务业的领导组织举行为期两天的座谈会时领悟到的。第一天，他们讨论这样的观点：基本品质是最低要求而独特性才能决定成功。第二天一开始，一个与会者讲了下面的故事：

我们听说有一家海鲜馆（故意匿名）做的饭菜很好，气氛也非常不错，因此昨天我们决定去尝一下。我点的饭菜做得很好，但侍者没有同时上饭菜。并且，我们在等人给我们上点饮料时，心情非常糟糕。员工们在桌前唱歌跳舞玩得过了头。我们听说那个地方很有趣，但他们所做的有趣的事情是无关紧要的事情，我们再也不会去那里了，因为他们连基本的事情都没做好。

我喜欢乔·卡罗威告诉我的一句话：镜子餐厅提供的核心的东西是饭菜，如果食物——核心产品——不好的话，我们就脱离了行业。

注意，他没有这样说："如果我们提供绝佳的食物，人们就会来光顾我们。"他太聪明了，不会这样说话。在他运作的市场上，美味的食物是基本要素，而他的独特性是新潮的气氛和马丁尼酒。

如果你提供的产品不能达到顾客的基本要求，你会失去顾客；如果你认为做到基本的便已足够，你也会失去他们。除非你建立一种文化，在这里每个人都努力超越基本的东西，从而提供一些使你独特的东西，否则你不可能成为市场精英。

一个限制

独特与古怪有很大的不同。人们会记住不同的东西，但他们只会为独特的东西花钱。想要不同很容易，而独特性则需要纪律与辛劳来保证它增加附加值。

如果政府能做到，你为何不能

德鲁克和褒拉·朱丽安——一家公司的品牌计划部的资深副总，讨论这样的观点：在如今的市场上，提高基本元素是最低要求，而独特性是一种可以导向成功的特质。朱丽安的经验是：把基本要求和独特性混为一谈，更糟的是认为自己拿不出什么特别的东西，许多公司就这样搬起石头砸了自己的脚。对于褒拉来说，公司陷入困境，只是因为没有努力思考。

因此，如果你认为自己不能够既提供基本元素，又拿出独特的东西，考虑一下这个问题：美国得克萨斯州的一个市政府做到了。既然一个负责 10 多万人口的政府机构可以两者兼顾，你也可以。

得克萨斯的亚迪逊镇，位于得克萨斯州达拉斯市的郊区，市政府委任的主要职责范围包括街道、供水、警察、消防部门、公园和图书馆。亚迪逊镇把这些管理得很好。

城市管理人员怀特赫德说："我们市政府的所有人员都在努力诠释为顾客服务的意义。实际上没有想的那样困难。市民们想要他们的下水道畅通、街道平整，需要时警察和消防人员能够出现。他们的思维方式绝对是结构决定一切。他们并不关心你昨天为他们做了什么，每天我们都得重新证明自己。"

这就是基本元素，他们的机构的独特性又是怎样的呢？

大多数人驱车进入小镇注意到的第一件事就是对细节的审美和关注。在 20 世纪 80 年代的经济快速增长期，当时的官员和镇政府工作人员将这些变成了小镇的优势，而后的文化又加强了这一优势。没有人要求亚迪逊镇政府一年三次改变植物带中间的花纹，他们选择这样做是因为他们想要人们把他们看成最好的政府。

许多社区每月一次派人去捡灌木丛修剪的垃圾和风景装

饰的垃圾，而亚迪逊镇政府却派人一天之内把它干完，经常是打电话到政府部门的同一天就捡完。有时候居民们还没收拾好修剪垃圾时就打了电话，当工作人员到达时，他们还忙着。此外，负责每个社区的卡车每星期一都例行巡逻，捡上周末的修剪垃圾。

再说说巡逻。市民度假时，警察会在居民区巡逻。大多数社区都能做好的一件事是在大雪或冰冻袭来时，他们会在主干道上撒沙子。亚迪逊镇政府（除了做这件事情以外）为了方便市民出行，还在山谷和小道上撒沙子。亚迪逊的消防员会一年一度到市民家里，为市民换烟雾探测器的电池。更有甚者，你都不记得上次听说一个警官在写交通规则时因殷勤服务而受到称颂是在什么时候。

如果你的头脑中有这样的图景：亚迪逊是独特的，那你说对了，但如果你认为它是一个高收入者聚居地，里面都是门控式高级社区，那你就错了。这个镇上居民的收入水平和住房条件有很大差别。

这是它会发生的原因

甚至城市管理者罗恩·怀特赫德也不能否认亚迪逊因为它的地理位置和 20 多年前所做的一项决策而获益良多。亚迪逊大约 80% 的土地是商业区，而大多数北美社区只有25% ~ 30% 是商业区。只有 14500 多人在亚迪逊安家，即使是白天，许多人来工作、用餐、玩乐时，人口也才达到 10 万人。它的税率是当地最低的。

好几个周边地区的官员和工作人员都说，亚迪逊很特别，因为它的现金流量很大。他们没有提到重点，许多城市的整体预算都比亚迪逊大，不管住在亚迪逊的人有多少，为了容纳每天涌到镇里来工作和旅游的 10 万人，都要花费很大一笔税收来补充城市工作人员，为他们提供食宿。亚迪逊之所以独特，是因为它追求最优秀的而不是最容易的。这就是亚迪逊市民和他们所选的全体工作人员的 DNA。

罗恩是这样看待这个问题的："多数政府都关注它们做不到的事情。它们向员工灌输为什么要遵守规章制度，主要教员工怎样对市民说'不'。我们从一个不同的角度出发，我们从一开始就告诉员工想方设法在法律和道义的界限以内对市民说'是'。"

你的公司文化提倡追求最优秀的而不是最容易的吗？你做过这项艰苦的工作吗：确定一下在顾客的心目中，你的最好表现是什么？每个人都能明白既有基本要素又有独特性的价值吗？

不是每个人都想追求最优秀的吗

一次，一个拥有 3500 多名员工的公司的资深领导层开会期间，话题转入这样一个观点：我们应该将适当的人保留在

■ 深度管理 ■

他们的位置上。与会的每个人都说：我们能够胜任，我们需要持续地关注目标。然而，许多人不想待在这里，从他们的肢体语言可以看出来。

我们是否应该假设所有的员工都想成为精英，并愿意创造一种可以导向有意义的结果的文化。

一般人都会认为每个人都想加盟精英公司，或为它们工作。不幸的是，事实并非如此。有些人有些公司就是要追求平庸。你知道下面的例子吧：

◇ 客服代表不懂得客户或服务的含义。

◇ 快餐既不快又不是合格的餐饭。

◇ 产品的有效期的更恰当的名称是：这之后一周你的产品会坏掉。

如果你不相信每个人都想成为精英，不是你就是你的团队中有些人来错地方了。

杜·凡·阿斯戴尔，一家公司的 CEO 这样解释说："我总是假定我们会成功，我总是向前看。"

杜的哲学正符合他自己，他的公司在一年半内从 6 名员工增长到 250 名，公司将在以后的 12 个月再扩大一倍。并且，我们说的不是膨胀的通货，也不是网络形式的没有收益的增长。杜的哲学是你必须从小做起，慢慢变大。对他来说，这意味着选择成为最优秀的，然后朝着这种期望来开展工作。

不仅仅是钱的问题

对注重深度管理的公司来说，追求最优秀的早已超越了赚钱。

镜子餐厅选择成为新潮、有想象力的餐厅并且永远提供美味的食物；休厄尔汽车公司选择在服务上下功夫；第一银行公司选择搞好关系；杜·凡·阿斯戴尔也深谙个中道理，他说："每个领域的最优秀者都能位列榜首，然后钱便会汹涌而至。"

美国有一家协会，在各个领域都是首要的公司之一——利润方面、非利润方面、管理方面。

在使命感方面，美国这家协会有一个伟大的使命：降低由于心血管病和中风所造成的残疾和死亡率。很明显，它的重点并不是仅仅关注于资金筹集。但是，它每年都能筹到一整船的钱——2004 年超过 6.5 亿美元。

人们容易认为他们在经济上的成功是由于产品优秀。罗曼·波瑟，公司的西部州分部执行副总裁说："驱动着公司文化的是我们对使命的热爱。志愿者和员工对使命的热爱促使筹款成功。我们总是考虑我们有多少资源可以投进医院，我们可以用多少钱来进行科学研究，能够为社区做点什么。"

但是一件好产品并不能保证永远成功，还记得索尼·本特迈克斯的故事吗？

这家协会在它运作的每个方面都追求最优秀的而不是最容易的，为确保公司使命感的有效性，每三年就检查一遍。历史上，这个公司从来就没有发生过非得从一个科研项目退出不可的事儿。从 1992 年创建公司起，一次也没有。它 2004 年资金筹集花费是总收入的 14%，与优秀商业局在它的责任标准引导条例中所提起的 35% 形成鲜明对比。它的人员招募、员工培训和顶级程序确保了公司持续独特新颖，并报之以最好的人才。

这里有一个新的亮点——你的公司所做的最容易的选择就是仅仅关注底线。毕竟，我们相信公司的唯一目标是赚钱。加里·奈翁，第一银行公司的主席拥有 7000 万美元的身价，他这样说道："每个人都知道，我们的目标是赚钱，但我们的持股人还想服务社区，我们支持社区事业及项目。每个人都知道，除非我们赚了钱，否则将一事无成。"

雇用优秀的人

卡丽·阿德琳，一家公司的 COO（首席运营官）曾说："雇用人是整个问题的关键，他要懂得公司的技术特征和文化特征。"

亨利·吉弗瑞说他必须毫不动摇地寻找适合于史密斯巴克林的文化的人。而加里·奈翁则说第一银行公司成功的原因之一是他的创始人格利戈·罗德的哲学：雇用优秀的人。

奈翁说："格利戈·罗德总是想依靠优秀的人来运作他的业务。他对优秀的定义也与众不同：他寻找的是值得信任和忠诚的人。我们不必为员工的职业道德操心。"

有一家公司设计出"争夺人才的战争"这样的词语。它的主张是公司人才的力量决定了它在市场上的成功。吸引并留住人才是每个公司最重要、最优先考虑的事情。

第三节 做出最重要的选择

天才并不总会赢

有个事实：精英阶层的竞争中，不管是体育、艺术还是商业领域，纯粹的天才常常输给有着注重结果文化的合作、奉献及负责的精神的团队。最有天分的人并不能保证永远成功。

2004 年夏季奥运会上，男子篮球赛的竞争是个非常棒的例子。美国队刚进入比赛时，个人天赋给观众留下很深的印象，但是，他们败给了强调团队合作的力量而不是仰仗个人天赋的团队。

注重深度管理的公司在人事决定方面走得更远。它们明白，文化特征与个人技术同样重要，如果不是更重要的话。就像这一章中我们所强调的其他东西一样，归根结底要选择并追求最优秀的而不是最容易的。

遭遇解聘

你不得不喜欢这样一个座右铭:"人生无常,先吃甜饼。"这就是美国冰激凌公司 A 看问题的方式。去这家公司访问就像一次极好的冰激凌即兴表演。当然,在加入 14% 的黄油以后还不能改善味道的事物几乎没有。

美国另一家冰激凌公司 B 是一个"我也一样"型的公司。在与 A 公司竞争的冰激凌市场上,有好几种极好的产品可供选择,A 公司的独特之处在于由合适的人在合适的场合创造出来的经历。这得从求职申请说起。

你工作的地方就职申请表看起来像什么呢?你也许会想到一张表格有许多空要填,有许多特别的地方要检查,但在艾美,那只是一个大的白纸袋——这无疑会给艾美省钱,因为可以拿这种袋子装外卖。

A 公司想要有创造力和幽默感的人,而怎样使用你的袋子便是第一个测试。如果你的袋子弄得看起来像个公司简历,你不会被聘用;但是如果你的袋子上设计了一个要参加万圣节的骷髅坐在秋千上的图案,则很有机会。

许多公司要求的创造力和幽默感都具备的人可能并不适合 A 公司。在机械工厂,你被雇用的一个标准不会是把求职材料做成骷髅的能力。

但在 A 公司,这正是重点。A 公司不费劲便可以找到以正常标准看非常胜任的求职者,但这样做,对机械工厂来说并不是最好。

莉莉的测试

美国一家 C 公司的卡丽·阿德琳认为选用领导时，考虑其是否适应公司文化更加重要。记住这个公司的员工在 18 个月内从 6 名增至 250 名，而在以后的 2 年内，可望达到 1000 人。人数一直在增加。

与许多公司一样，C 公司使用一个测试来确定求职者是否合适，同时问一些特殊的问题来确保求职者想帮助他们发展业务。然而艾得利的秘密武器是莉莉测试。

莉莉测试是艾得利和凡·阿斯戴尔停下工作，在大楼走廊喝咖啡时偶然聊起来的。碰巧他们当时在和咖啡店的经营者莉莉谈话。

刚好莉莉有观察分析人的性格的技巧。她描述了一个人并问他是否向公司求职了，他们就承认这个人已经投递过简历了，莉莉便继续对艾得利和阿斯戴尔解释为什么那个人不会很适合 C 公司的随和的文化。那个人在点咖啡并与莉莉进行的简短交流中，莉莉意识到他和公司文化的不匹配。

简单的选择是我们假定面试时得到的答案、看到的行为准确代表了求职者在工作上的表现，最好的选择却是寻找另外的测试资源——尽管反传统——来确定是否合适。

如今，C 公司的领导班子一般都会向莉莉确认求职者是否到过咖啡店，莉莉测试已经成为他们确定应聘者是否合适的方式之一。

最重要的选择

追求最优秀的东西不总会使工作容易做，有时为了取得长期的成功，需要你从眼前的利益走开。

亨利·吉弗瑞告诉人们史密斯巴克林团队为他们所做的事情感到强烈的自豪。他们相信自豪感的增长是成功的基本要素之一，他们也相信与客户公司建立长期的伙伴关系要建立在共同理想、相互信任、充分交流、合作规划、合作评估以及互相尊重的基础上。事实上，他们只是想和英雄所见略同的公司合作。

谁能够责备他们呢？与追求同一目标而且有默契的公司合作起来更加容易，也更加有趣。

现实生活中还有企业日常开支、员工薪水、需要添加新设备以及其他的每个公司和领导人必须考虑的问题。史密斯巴克林在不同的城市有600多名员工，总有一些时候因为公司的经济需求使亨利夜不成眠。

亨利说当他们提出一个新的设想时，一般问4个问题：

1. 有一个自告奋勇的、天才的、坚定的领导班子吗？一个没有庞大的志愿者作为后备人才的群体是注定要失败的。

2. 这个行业正在增长吗？至少是稳定的吧？没有稳定性就没有机会成功。

3. 我们相信这个群体能有作为吗？我们能够帮助他们达到目标吗？

4. 他们有共同的价值观吗？他们和我们的信仰相同吗？

亨利承认前 3 个问题的答案仅供参考，决定性的是第 4 个问题的答案。

等一下，你告诉我为了成为你的客户，人们必须和你有同样的文化，和你做出同样的选择吗？

只要你想追求最优秀的而不是最容易的，情况就是如此。

这对于史密斯巴克林来说，并不是一个不知天高地厚的决定。这种决定以一个重要的认识为基础：和顾客拥有同样的价值观会释放无限的人类潜能并最终导向双方长期的共赢。这是亨利与每一个顾客发展伙伴关系时遵循的一个简单却有力的真理。

有的顾客确实不怎么让人喜欢，之所以与他们合作，完全是因为这个月日子太难过了。说实话，你做过这样的事吗？德鲁克问过一个朋友他的公司是否会拒绝下列情况：做某笔生意意味着追求最容易的而不是最优秀的。他的回答是："为什么要这样做？"

注重深度管理的公司不会为了最容易的牺牲最优秀的。这关系到原则和利润。

灾难性的选择

　　即使是市场精英也会犯错误。下面一些例子表明在各种情况下，如果你不遵循追求最优秀的而不是最容易的这条规则的话，会产生什么样的后果。

　　◇ 即使是传奇公司也会犯错。哈里－戴维森公司不仅仅是市场精英，它更是一段传奇。如果你的客户将你的标志语和他们本身联系起来，表明你在许多方面做得不错。然而即使最好的公司也会犯错误，以哈里－戴维森的古龙香水为例来说吧。

　　这个主张在好几个层面上都是错误的。看看他们的设想：你喜欢闻起来像个典型的骑马人的味道吗？如果是这样，你为什么要买香水？为什么不在大热天穿皮装骑摩托车，同时还省钱？

　　更重要的是，仅仅为了促销，把标志语放在香水推广中会潜在地疏远你的顾客。也许这就是后来这个公司的产品中不再有香水的原因。

　　马特·海格，《品牌失败》一书的作者说："系列商品的推广、扩大品牌效应、差别标价以及其他的复杂的市场推广技巧都在压榨而不是建设品牌。虽然压榨品牌可以带来短期利益，但从长远看，他们在透支品牌，直到品牌再也不能代表什么。"

　　一次的错误选择不会永远地使你归到庸才的行列。当你走出错误的一步时，赶紧向哈里－戴维森学习，尽快改正错误，跑回——不要走回——原点，决定选择最优秀的而不是最容易的。

◇ 你可能会过分吹嘘一次正确的选择。一家公司决定开一个晚会作为他们"文化转型"的开始。他们劳师动众把公司 600 多名员工带到一个远离公司的地方，雇用了一个摇滚乐队，准备了食物和饮料，还特意让 CEO 做了演讲，说着怎样开始了历史上新的一天。接近尾声时，他们甚至撒了五彩纸屑。

你可以想象这种故事的结局。

这群人自认为在追求最优秀的东西，这样的开始根本就不能达到他们宣传的那样成功，他们注定不能得到完美的结果。

这里的教训很简单——追求最优秀的而不是最容易的东西，需要你在做重要决定时，坚持问三四个问题，而不是假定第一个主张是所有当中最好的。

你会选择什么

你的公司生存在一个其他公司的产品和服务都和你的产品和服务相似的世界上。一个客户决定和你或者你的竞争对手做生意只是因为存在很小的差异。一种追求最优秀的而不是最容易的东西的文化可以为你带来巨大的利润，也可以使你鹤立鸡群。你选择怎么做呢？

深度管理原则

◇ 追求最优秀的而不是最容易的东西是你做过的最重要的选择。这样做会改变一切。

◇ 注重深度管理的公司与其他公司的不同之处在于两件事情：注重深度管理的公司对其所信赖和争取的东西充满激情，它们用这种激情来带动企业的每个部分。

◇ 选择最优秀的东西并不是挂在墙上的报表，它是一种企业原则，将每个行为和决定都提高到一个更高的标准。

◇ 基本要素是最低要求，真正的不同之处在于独特性。

◇ 如果你不相信每个人都想成为精英，不是你就是你的员工来错了地方。

◇ 价值观和想法驱动着人的行为，行为变成习惯，习惯引导着深度管理的文化。

第四章

打造实现持久收益的健康关系

我们的事业必须交托给忠实的朋友并由他们来实现——他们的手是自由的，他们的心扑在工作上——他们很在乎结果。

——亚伯拉罕·林肯

第一节 将业务托付给务实的伙伴

给我一个理由，让我帮助你

哈特·汉克斯的研究表明，超过70％的人看不出忠实于某一公司会带来什么好处。换句话说，你的顾客看不出有什么特别的理由要帮助你成功。

事实上，你的顾客只会在这样两种情况下想到你：他们即刻需要什么东西，或者你有充分的理由让他们想到你。他们会问："为什么是你？为什么是现在？是什么使你与此有关？"

注重结果型的公司把业务转变为伙伴关系。它们给顾客提供它们所想要的东西，甚至更多。

给他们想要的并乐在其中

市场上有成功者，也有平庸者，他们之间的区别可以归结为在非理想情况下处理商品的意愿和能力。让我们问问250

个曾观看过彼特·努恩（即以前名为赫曼的艺术家）及隐士乐队在 2005 年 5 月一个雨夜的演出的人吧。

彼特仍然把他 20 世纪 60 年代的流行音乐带给世界各地的听众，在这个特别的户外表演的节日里也是一样。下午 6：45，他和他的乐队本以为会有一晚时间休假，雨从上午 10：00 开始就一直在下，看样子要这倾盆大雨停止希望渺茫。结果到晚上 8：00 时雨停了，于是演出开始。

在彼特·努恩的音乐会上别指望听到赖德·吉卜林、奥卡斯特，或者戴思铁尼·恰尔德的歌。你会听到由隐士们所演绎的歌曲。

从《布朗夫人，你有个可爱的女儿》《有人告诉我我很幸福》到《一种寂静》，彼特和他的乐队表演得极其投入，仿佛他们的职业生涯有赖于他们的表演。事实上，他们也沉浸其中。彼特·努恩和隐士们跟观众一起唱啊、跳啊、笑啊，精力十足，好像有 25000 名听众，而不是 250 个。

彼特的歌迷们被叫作努特主义者，从他的网址（http://www.peternoone.com）可以看出他们怎样热情地支持乐队。那晚，他们站在雨中，一起唱歌，掌声雷动，并且买光了彼特的 T 恤、CD 以及其他东西。

那么，问题就在这儿：你的顾客是否也站在雨中为你欢呼？

建立伙伴关系意味着什么

在长达 40 年的演艺生涯中，彼特·努恩到全世界最大的那些会场演出。他卖出了数百万张唱片。250 名观众，而且现场正在下着雨。如果是你，你会失望吗？你会偷工减料吗？你会不太卖力却抱怨天气吗？

然而，努恩迈出了这一步，使之成为参与者的特殊经历。斯科特·麦克凯恩在他的《一切商务都是表演》一书中这样写道："因为与你的公司接触，你的顾客和员工都会又带有情感经历，不论你喜欢与否。你的责任，或者说挑战是给他们提供情感接触，能够激起忠诚的情感接触。"

彼特的乐队在糟糕的情况下做了极好的演出，而有的乐队在理想的条件下却表现平平。彼特的一句话道出了一切："有些乐队没有认识到演出并不是为了他们自己。"

没有人成百上千次地演唱同样的歌曲。有人怀疑彼特会对反复演唱同样的歌曲厌烦。但他知道演出不是为了自己，而是满足听众的需求。这就是确立顾客忠诚和伙伴关系的秘密。

兰迪·普宁顿卡片的朋友

戴夫·切明斯基在亚到桑那州的斯科茨德尔市开了一家名叫康提那拉里多的餐厅。如果你到菲尼克斯区而且想品尝一下墨西哥风味的食品，那就去这家餐厅吧。叫来戴夫、厨师长贾斯廷或其他值班经理，告诉他们你听说过成为兰迪·普宁顿卡片的朋友，你进餐时就会得到一份免费的点心或一块巧克力蛋糕。

在社交界，有人曾散发了成百上千张这种卡片，又告诉了成千上万的人，原因很简单——这家餐厅成功地把他们从顾客变为伙伴。由于很棒的基本因素，这种关系开始了；由于员工和顾客互动关系的建立，这种关系升华了。

大家庭的一部分

德鲁克结识戴夫时，他在德鲁克家附近的康提那拉里多餐厅任总经理。因为饭菜可口，德鲁克和妻子开始在那儿用餐。由于和老板、经理以及员工建立了关系，一直以来，他们每年在那儿进餐超过 40 次。

康提那拉里多餐厅的人们让进餐者感觉到他就像这个家庭的一部分。德鲁克甚至把他们一家人的名字刻在餐厅的匾上。员工们跟德鲁克聊他们的儿孙。他们还会在度假时带礼物给德鲁克。

德鲁克可以说出关于酒吧侍者库科、米格尔、海克特、阿多、发苄、贾斯廷，当然，还有戴夫的许多有趣的事。但与顾客建立伙伴关系的最好例子是费南多。

侍者费南多

一看见顾客走进餐厅，费南多就给他们送来饮料单。坐下来不到 2 分钟，饮料就送到顾客面前了。你可能认为这只是给老顾客提供的良好服务，觉得这没什么特别之处，但尽管如此，这仍令人感动。

然而，费南多把典型的顾客关系提升到新的水平。他回墨西哥州嘉里斯科老家旅行时给顾客带了件 T 恤。作为回报，顾客去日本开会回来时也给了他一件 T 恤。可能是把自己当成餐厅家庭成员，有一次一位顾客告诉费南多，由于旅程安排，可能有一周不到他那儿进餐，费南多问这位顾客是否打算给他带 T 恤。

顾客不只是在康提那拉里多餐厅进餐，而是在和费南多一起进餐。很显然，有许多也是这样。曾有这样一周，费南多所负责的餐桌来客 75% 以上是老顾客或者是推荐的客人，许多顾客提出要坐在他所负责的区域。

如果你的顾客中有 75% 的人愿意每周都给你提供赚钱的机会，你的生意会比这更好吗？如果你的顾客问你他们是否可以替你做广告给你带来更多的顾客，还有比这更好的事吗？

扩大影响

康提那拉里多餐厅的领导层已经把费南多调到培训部了，以便开更多的新餐厅。原因很简单，他的领导才能足以影响其他人。

乔斯·路易斯·马格纳，即康提那拉里多餐厅的老板曾说："全体员工看到费南多的结果，都加强表现，试图赶上他。他们知道，他在做回头生意和推荐生意。他们看到他赢得了销售竞赛。这给每个人都提高了门槛。"

就像我们在前面所说过的，雇了适当的员工对公司很有帮助，但这并不能保证他们会尽力去和顾客发展伙伴关系。费南多，还有他的许多能干的同事，选择了去加强伙伴的力量，因为康提那拉里多餐厅的管理者——戴夫、阿图罗，还有其他人——和他们一样做了同样的选择。

有两种类型的员工——一种为你的公司工作，另一种本身就是你的公司的一部分。为了建立永久的公司，每个人都应该成为费南多。同样，如果你指导别人工作，你的工作就是在你的团队中发掘和培养出更多的费南多。

第二节 建立伙伴关系的原则

员工们也不在乎

美国"人力资源管理协会"2004年所做的调查显示，整个国家的雇员中有75%的人在寻找新的工作。盖洛普公司估计，美国2200万名工人的闲散状态在生产上每年造成2500亿～3000亿美元的损失。

《忠诚的神话》的作者指出顾客忠诚并不依赖于雇员的忠诚。购买汽车、电脑，或者纳税申报单的顾客或许会满意于或忠诚于公司，而提供产品或服务的员工却未必对公司满意。顾客忠诚可能会跟价格、便利或者一些其他因素联系起来。承认这种可能性并非削弱坚定的、忠诚的员工的作用，他们创造出这样的结果：使你成为市场精英。

你可以要求服从。然而，忠诚是自愿的。费南多型的员工之所以如此地引人注目是因为他们太少了。他们激励着每一个接触他们的人。而且，他们会对你与顾客建立伙伴关系的能力产生积极影响。在服务业中，他们选择你还是选择你的竞争对手会造成很大的差别。在制造业中，给员工创造出伙伴型的工作环境会提高效率，从而使你的公司脱颖而出，却不必付出牺牲性的代价。

不幸的是，闲散的、不敬业的员工也会造成重大影响。

变质的伙伴关系

"9·11"事件之后一周头几次的航班是令人担忧的，但这并非完全是怕飞机会变成威力无比的导弹。

约翰和其他5个乘客排队准备登上从明尼阿波利斯返回的飞机，无意中听到票务代理在帮助旁边的乘客时说："对不起，先生，我们今天服务不好，我们心头有别的事情。"

让我们回顾一下当时的情况，整个飞机上的人都不能坐满一架波音737飞机，这个柜台边有3个票务代理为我们5个乘客服务，我们耐心地等待了将近5分钟，一直在看他们投入地交谈，认为谈话内容肯定关乎我们的安全。然而，他们的回答是："我们心头有其他事情。"

你认为在乘客已经对飞行不舒服的情况下，公司会想要它的员工这样说话吗？

一个解释和一个借口

明尼阿波利斯柜台后的那些票务代理前一天得知公司为

了应对这个全国性的危机，准备解聘上千名员工。

公司没有任何借口让人们受到那样差的服务。

美国西南航空公司有不同的应对策略。其立刻宣布不会解聘任何人员，西南的员工的反应是主动帮公司做一些事情，例如为公司总部的草坪剪草，这样，公司就可以省一些钱。

你的员工上次主动帮助你成功是在什么时候？

有的公司宣布解聘员工并将之归咎于利润太少而管理费用太高。公司并没有错，它们只是没提它们和顾客和员工之间的10多年的伙伴关系。

和员工建立伙伴关系和令顾客忠诚于公司之间有着特别的联系。一种不能令员工感到自我重要性的文化不可能令顾客感到自我重要性。

建立伙伴关系的原则

杰出的领导者都用不同的技巧来建立伙伴关系。有些人依靠认可的力量，有的人想方设法接近资深领导人，然而，总的来说，他们试图开启别人的心扉的策略无外乎以下4类：

◇ 看别人的潜力比他们自己预见的大，并鼓励他们发挥潜力。

◇ 为别人提供有意义的参与机会。

◇ 每天都注意培养伙伴关系。

◇ 努力争取机会与优秀人才共事。

不仅是报酬的问题

对于这一点许多人都不以为然——伙伴关系？你不了解我的员工，他们只想要钱。

对某些人来说，这是事实。钱可能非常重要，因此让我们清除这个障碍：如果你不根据市场行情提供一份合理的报酬，你和员工之间进而和顾客之间建立伙伴关系的机会就被大大削弱了。这样说也并不表明你仅仅依靠补偿便可以与员工建立伙伴关系。各行各业都有拿高工资做糟糕事的人。

这里有个测试：想象一下你的理想工作。你的头脑里有图景吗？你做那份工作会比现在少挣 1% 的话你还愿意吗？少5%、20%、50% 呢？

几乎所有人都会坚定地说大约 1%，而大多数人在达到20% 时便会放弃。但是如果你说 1% 或者 20%，其含义是一样的，这件工作中有一些东西使得你在比现在少挣钱的情况下，仍然愿意做。

那么，这对你来说意味着什么呢？最重要的是，什么使这份工作这样有魅力，虽然比平常挣得少还是有人做？想想这个问题，然后你就可以刻画出在什么情况下会有人帮助你成功。

游泳池奇遇

德鲁克在夏威夷希尔顿的维克拉村庄遇到了爱娃，有一天早晨德鲁克在游泳池里亲吻了它、抚摸它的肚子，并和它在水下玩耍。这是一段奇妙的经历——不是你们想象的那种哦，爱娃是一只 400 磅重的大西洋宽吻海豚，其也是海豚探索节目的一部分。

众所周知，野生海豚不会允许你亲吻它、和它玩耍，或做任何爱娃那天早上被要求做的事。那么，为什么爱娃能让一个顾客欣喜若狂，并使海豚探索节目的主人看起来像个英雄呢？

一个简单的答案是鱼———一种海豚喜欢的交换物。爱娃和其他海豚是节目表演中最花钱的部分。它们表演奇妙的节目，接受鱼作为交换。但在这里起作用的部分仅仅是简单的动作修正。

遇到海豚之后，德鲁克和唐——海豚训练师之一，谈过话并问她一些问题。德鲁克想知道海豚训练师在众多的海豚中是否有最喜欢的，她承认确实有。

德鲁克又问海豚在训练师当中是否也有最喜欢的呢？唐当时的反应是："我从没和任何海豚谈过这类话题。"

过了几秒钟，她说："我希望没有，我也希望它们不知道我们有偏爱。"

唐告诉德鲁克训练师每天只做两件事情——顾客们看到的表演以及加强海豚和训练师之间的信任度。她说两件事情所费时间基本相同，如果能同时做这两件事情，所有人都会承认这是有益的事。

这对人类也同样适用。

勾画出一个对你有很大意义的老师、启蒙者或者教练的形象。那个人对你期盼过多还是太少？你为了达到这种期盼或多或少做过什么吗？你对这个人的崇敬之情是由于他或她的地位还是你们之间的关系？

这里有一则消息——如果和你们做生意的经济利益基本相等，那么你们之间的关系的力量就成为加强伙伴关系力量的关键因素。不管是客户关系还是同事关系、员工关系，除非你能创造一种长期的伙伴关系，否则你永远不能创建某种文化来驱散竞争。就像唐与爱娃之间，关系是每天都要加强的东西。

你看到了什么

兰迪·盖奇是销售策划和网络推广的首席专家。他个人成功地创建了一项网络推广业务，也帮助别人开展业务。如果问兰迪，为了做好认识工作，成功的多层次推广业的领导者要做什么，他会这样告诉你：

最好的领导者看员工的潜力比他们自己看到的更大，领导者应告知员工他们的巨大潜力并培养他们实现这种潜力。多数人反应良好，因为很少有人告诉他们可以做更伟大的事情。

这是一种牢固的关系，因为员工们不认为领导者在救他们，而是努力工作回报领导者对他们的信任。一种非常强大的关系建立起来了。

盖奇从直销业中得到的经验对各行各业的每个企业都有提示作用。如果有意识地在别人身上发现优点比他们自己发现的更多，伙伴关系便有机会发展起来。但是光看到别人的潜力还不够，要经常交流培育直到它成为一种自觉维持的现实。

嘉莉·艾得利在一家非营利性机构的工作经历影响了她看待员工的方式。她说："我很感激我们的员工选择了我们，他们自愿来到了这里。"

加里·奈翁告诉大家第一银行公司"被上天护佑所以能拥有长期的员工"。从公司为员工配备早餐庆祝终身职位和公司愿意为员工投资这两件事上，每个人都能看出公司的感激之情。

加里敏锐地感觉到"终身职位并不表明你可以松懈下来，我们回报表现突出的人"。同时，很显然公司内部也有一定意义上的伙伴关系。

当你审视需要依赖的组织和同事来取得客户方面的成功时，你看到了什么，你认为他们是自愿的吗？重要的是你每天都为这个愿望做了什么？

事情虽小，意义重大

玫琳凯·阿什是有史以来在建立深度管理体系和加强伙

伴关系的力量方面做得最好的公司之一。玫琳凯告诉人们：小东西意义重大。

多数人把玫琳凯化妆品公司和大的东西联系起来——大的粉红色的卡迪拉克、大的菱形的王冠、大的毛皮外套。玫琳凯说，如果没有小东西表明你的真诚，大东西就会失去诱惑力。

这里有一个例子。

玫琳凯问德鲁克："你接触过的公司有感恩节给员工发放火鸡的吗？"

德鲁克说："有的。"

玫琳凯于是问："员工什么时候收到火鸡呢？"德鲁克回答说在感恩节前一天。

玫琳凯继续问："你们收到什么样的火鸡？"

"冷冻的。"

"兰迪，"她问，"解冻一只火鸡要花多长时间？"

德鲁克不得不承认被难倒了。

玫琳凯继续说："完全地解冻一只火鸡需要一至两天，这就意味着如果你直到星期三才收到火鸡，有人——我们都知道那就是妻子——就得整夜不睡解冻火鸡。最后，她终于可以睡几个小时了，然后就得起床为孩子们准备早餐，那时火鸡也完全解冻好了。接着她就开始准备感恩节晚餐，下午就快过去，刚到晚上时，就可以就餐了。然后她饭后洗刷一番，最后直到晚上她终于可以坐下来享受节日了。"

玫琳凯说："这是一件小事，但是我们在星期一发放火鸡——冷冻的。"

从玫琳凯的例子中我们学到了重要的两课。第一，如果你在感恩节前一天拿到火鸡，那么最好带全家出去吃饭；第二，在与员工建立伙伴关系的过程中，你不能忘记小事情。

第三节 信任是健康关系的灵魂

关键是要表现出你在意

你做有些事情是为了确认一种特定的运作方法的效果；做有些事情只为表现出你在意。这是一个很重要的区别。对特殊的运作方法的确认是将全公司的精力和努力集中到一起的极好的方法；而只为表明你在意而做的事情则是为了建立伙伴关系。

玫琳凯亲手将火鸡发放给每一个人，而不只是优秀员工。这样做，公司对员工表现出一片关心之情。光石公司每个夏天为员工们准备 4 个星期五工作半天；光荣任务项目组为员工所做的非营利性工作做出补偿；CreditSolutions.com 公司每周一天为在岗位上的所有员工提供午餐；休厄尔·莱克西斯公司为每周六上班的员工提供午餐。

当"卡秋娜"飓风肆虐奥尔良和路易斯安那港口时，沃尔玛为它的员工和其他受害者提供大量的经济支持和基本设施支持；卡尔·休厄尔公司帮助每个奥尔良莱克西斯的员工重新安家，并为他们在其他分公司重新安排工作。

出于关心之情的努力和行为能为公司带来巨大利润。琳达·阿诺德，休厄尔公司的销售和租借顾问说："我欠这个公司很多，我母亲患病期间，公司在我的背后支持我。我非常忠诚于这个公司，并衷心希望可以帮助公司成功。"

SGS 刀具的历程

汤姆·海格在 SGS 刀具的目标就是和客户建立一种超越价格竞争的伙伴关系。他敏锐地意识到任何拥有 35000 美元的人都能够买到他使用的设备并生产出相同的产品。公司的不同之处在于使用机器的人和品牌在市场上的号召力。

SGS 刀具公司成立于 1951 年，在当时主流企业哲学的影响下兴盛起来——一种对权威和公司执行方法的支配和控制。从任何意义上说，公司都是个工作的好地方。就像其他公司一样，公司的运作标准是：做让你做的事情，不要质疑权威。

SGS 公司在 20 世纪 80 年代意识到，在市场不断变化的情况下，必须抛弃基于害怕心理和认为员工必须在控制下才能取得成果的管理哲学。这样做的目的是为了给做同样工作的人提供一份同样的权威标准和责任。

如今哪个公司不说人才是公司最重要的资源？另外，说了什么和提供了什么之间有很大差别。

SGS刀具公司早期也经历了愿望和行动之间的差距带来的不利后果。大多数公司——即使像SGS这样拥有有力的管理团队和忠诚的员工的公司——都会低估改变几十年的做事方式的挑战。公司的一个前执行人员意识到他只能改变表面的东西（他在会议上使用的语言，也是对公司正在出现的管理哲学的支持）而不能改变内在的东西（他真正的信仰和想法），就退位了。他说：离开这个被恐吓的位置带来的宽慰太大了。

在尝试了许多次，错误了许多次之后，SGS刀具公司摸索出加强下列4个原则的方法。

1. 定位：理解好业务和每个人适合的位置。

2. 参与：有机会一起工作，完成有意义的业务目标。

3. 方程式：作为付出努力的报酬，可以享受公平诚实的回报。

4. 能力：懂得每个人都可以做任何事情来帮助企业成功。

这个方法一般被称为斯加龙计划，但是这个名称令人误解。这事实上是在乔·斯加龙和卡尔·弗罗斯特博士两个人的研究基础上缓慢形成的，乔·斯加龙从20世纪40年代一直到1956年逝世都是劳动管理伙伴关系的先锋倡导者之一；卡尔·弗罗斯特博士在参与管理的理论和事件方面也是一个先行者，同时也是斯加龙领导网络的创始人。弗罗斯特／斯加龙原则的目的是为了把"我们对他们"的文化哲学转换成一种为所有持股人创造利益的伙伴关系。在SGS例子中，涉及投资设备、实行员工培训教育的决心、创造有意义的参与机会以及通过分红创造一种主人翁意识。

汤姆说公司所做的最主要的改变是意识到没有意义的参与没有用处。SGS刀具公司的员工都参与公共职位的聘任和参与纪律性的活动。公司的分红程序将公司业绩和个人业绩紧密联系起来。

像许多其他公司一样，SGS的员工每年都参加指定的教育训练课程（50个小时）。然而这不是为了训练而训练，课程集中训练员工不断地进步的意识，并使其学习制造技巧、交叉训练和业务知识。SGS想为每个员工提供一个为公司和自己的成功负责的机会。

把这个和大多数公司所谓的参与比比看。经理们在员工交流大会上讲空话，甚至就连那时也考虑怎样赢利。不久以后，在设想和现实之间就产生了小的（有时候也是大的）分歧。为权宜解决这个问题做出一个决定，为方便起见又采取了一次冒失的行动，不久，伙伴关系和参与就成了一个一时的笑话甚至更糟。

SGS的领导人和员工并没有夸大连续激起每个层面上的员工的责任心以及取得成功的重要性。SGS刀具公司从2001年到2005年的总利润增长20%。

但这些并不是全部。公司决策明智的行为都是在公司过分增减而收益甚微的情况下摸索出来的。

如果你和汤姆·海格讨论公司转型，他很快就会指出，如果公司没有一个卓越的领导班子和几百个员工的支持，这一切都不会发生。

SGS 的故事核心是一种伙伴关系。你在公司可以看到相互尊敬、相互信任、诚实交流的共同信念和决心。

信任的重要性

据华生·华特对美国工作的 2002 年度研究报告，高信任度公司比低信任度公司的运作好 186%，而对持股人的反馈则高出近 3 倍。

信任是使普通关系转变成伙伴关系的润滑剂。缺少信任对运作效果、员工士气、坦诚交流和挽留顶级人才都有很大影响。一个公司里员工之间缺少信任会导致他们各自奔忙。没有信任，你的同事、员工以及顾客不会站在雨里帮助你成功。

这里有个方法很快就能测试出你所在的公司是否有现实的或潜在的信任问题。到公司办公室走一走，看一下有多少人在墙上挂了斯科特·亚当的漫画，有多少人桌上放置日历，有多少人在浏览网页、有多少人在品尝咖啡。如果数字超过 50%，你的公司就有这类问题了。

这不是对斯科特·亚当漫画的粗鲁的攻击，漫画的流行是公司里愤世嫉俗的意识和缺少信任的直接后果。从他不可思议的成功来看，（缺少）信任是一个比我们想象的更严重的问题。

不信任的起因

研究者在 2004 年研究了工作场合不信任的起因，并发现了一些有趣的问题。作弊、造假账、不道德的行为等虽然榜上有名，却不是位列榜首。看到 2002 年和 2003 年不道德丑闻排行榜时，很多人都会感到惊讶。

原来，比起财政丑闻和公司谣言，人们更关心影响到他们个人的每天发生的行为。引起员工不信任的经理和公司的最重要的 5 种行为是：

1. 决心已下，却没有坚持到底。

2. 交流不够坦诚。

3. 没有足够的交流量和交流机会。

4. 存在不合格和错误的决定。

5. 不合格的工作表现。

不诚实只排在第六位。

这是你吗？

看研究结果有点像看每月失业报告。它们非常有意思，但是如果你有工作做就很容易忽视它。不过，当你看被调查者的真实评论时，故事就变得鲜活起来。下面是几个较为普遍的应答，这些描述与你的公司情况相同吗？

◇ 如果就业形势更好一点的话，我的 80% 的同事就已经在其他地方工作了——我们失去了忠诚感。

◇ 多数时间你行走在蛋壳上，而且上帝不允许你有任何创意，因为你可能被毙掉。

◇ 我和别人交谈，他们感到担心，我们一起担心，时间就这样被浪费了。

◇ 当经理们都蜷缩起来，不和别人交流并开始关门时，通常也是暗示我们该更新简历了。

◇ 他们中间，没有一个人特别聪明。

◇ 坦率地说，很少有适当的机会和他交流一番。

◇ 我想他们把会议和工作弄混淆了。

什么样的信任意味着业务

加利·维克（一家公司的主管）曾说："我们不同于别人的地方在于我们有办法使客户对我们的项目从一而终。他们感到被尊重、被信任、被欣赏。这将办公室转变为客户基地，再转变为业务基地。"

佩吉·德宝丽（一家公司的外购业务程序总裁）说信任在公司的增长策略中扮演重要角色。她说："我们不断地提醒人们要做好自己的分内事，并且要相信你的同事。"

这一点意义重大。当人们不能够或不被信任做他受聘时的工作时，时间就被浪费了，灾难性的官僚主义也就升级了。一个最典型的例子是：一个客户发现某公司程序要求 40 多人签名才能设立一个岗位并聘用一个新人。其中的 5 个签名是这个程序中不同步骤上的同一个人的签名。

最重要的是，一个有高度信任感的公司可以将员工解放出来，自由地运用他们的才能和志向使公司和顾客一道成为传奇公司。

破烂的雨伞

每周一都有两个人开车驶过得克萨斯州亚迪逊的居民区，他们是捡灌木树枝的人，他们的工作是捡上周末居民区内任何园林修剪和清理后留下的灌木枝条和树枝。前文中，我们提到树枝清理的独特的哲学，下面是剩下的部分。

原来，人们丢掉的不仅是树枝，还有一些破烂的伞。捡树枝的工人就把伞也捡起来，然后修好，他们的上司并不知道这件事，当然也没让他们这样做。几个月后，他们发现已经收集了许多伞，然后，在一个下雨天，他们把这些伞拿到车站，分发给需要的人们。

市政管理人员罗恩·怀特赫德说："我们没有让他们这样做，我甚至不敢肯定我们是否想过这样做。但是他们做到了。我们只是说我们是服务于人民的事业，本着这个目的，员工也可以做一些分外的事。然后我们就信任他们，让他们去做。"

你愿意为之奋斗吗

布拉德·祖尔克是一家公司的一个主管，他的一次讲话把我们这一章讨论的东西都包括进去了。他说："我们每天、每周、每月都必须奋斗，以便吸引、保留、聘用那些关键人物。"

就是这样。这就是注重结果型的企业所做的事情。这在他们对人事的观点以及长期对伙伴关系的关注中都有所反映，在他们提供的有意义的参与方式中也可以明显地看到，在他们选择你们作为领导并和你合作而做的小事中体现出来。这就是相信人们可以做好他们受聘的工作，也通过坦诚交流和努力赢得他们的信任。

这是公平交易——如果你努力争取和人们的伙伴关系，人们会为你做奇妙的事，他们会成为你的顾客，他们会站在雨中为你加油。

好酷，是吧？

深度管理原则

◇ 你的顾客只会在这样两种情况下想到你：他们即刻需要什么东西，或者你有充分的理由让他们想到你。他们会问："为什么是你？为什么是现在？是什么使你与此有关？"

◇ 注重深度管理的公司把业务转变为伙伴关系。它们给顾客提供他们想要的东西，甚至更多。

◇ 如果你想要加强伙伴关系，必须牢记你不是重点。重点是顾客，不管你说的是内部顾客还是外部顾客。

◇ 有两种类型的员工——那些为公司工作的人和那些本身就是公司一部分的人。

◇ 如果你是领导者，你的工作就是创造费南多型的员工，那么你先从做一个费南多型的人才开始吧。

◇ 补偿是和你的团队建立伙伴关系的重要手段，但不是唯一的手段，你必须建立关系。

◇ 最好的领导者看员工的潜力比他们自己看到的更大，领导者应告知员工他们的巨大潜力并培养他们实现这种潜力。多数人都反应良好，因为很少有人告诉他们可以做更伟大的事情。

◇ 小东西意义重大。

◇ 没有意义的参与毫无用处。

◇ 信任是发展关系的润滑剂。

第五章

集中精力：用更少时间，解决更多问题

我发现一些成功的运动员与成功的商务人士都具有相同的素质，他们都乐于奋斗，注重过程，勇于挑战，二者都将最终的结果视作顺带的副产品。

——约翰·伍德

第一节 将精力集中在想要的结果上

集中精力的模式

公元前 58 年，罗马的哲学家西尼加曾试图绘制一张成功组织的蓝图，他在《关于幸福生活》中的一番话，对公司如何集中精力很有帮助。

我们首先必须搞清到底什么是我们正在寻求的目标；然后，我们必须找到通往目标的最快途径。就这个过程本身而言，只有当我们走在正确的道路上时，我们才能发现每天自己走了多远，离我们自觉为之努力的目标又接近了多少。但是，如果我们漫无目的地游荡，又无人指引，一味地只是顺着那些胡乱指挥者的嘈杂喊叫声走的话，生命将在不断的失误中消耗殆尽……因此，让我们来决定自己的目标，走自己的路吧。

过程很简单：以你自己的根本目的和原则为基础，选定一个目标，并确定一条正确的途径；然后，每天集中精力去落实通向成功的每个必要步骤。而持之以恒的执行的确是个挑战。

沃尔顿的做法

沃尔玛超市从罗杰斯·阿卡那斯的唯一的店铺成长为在全世界拥有 6000 多家连锁店，并在《财富》500 强企业中名列前茅的公司。不论你对其在美国小镇的膨胀过程中或者美国人的工作方面所起的作用持什么样的观点，你不得不承认它非常在行。甚至连它的诋毁者也承认沃尔玛的操作流程、管理体系以及对控制成本的重视程度的确令人刮目相看。

那么，让我们暂且把政治的东西放到一边，回到促进沃尔玛发展的基本因素上来。科尔曼·彼德森说："山姆·沃尔顿可真是个不寻常的家伙。他拥有既伟大又基本的价值观，以及让人难以置信的远见，而且他还是个了不起的冒险家。有很多人都有伟大的价值观，不少人也很有远见，而山姆·沃尔顿与众不同的是他能够将远见落实于行动。"

一些对小企业创业初期失败的统计表明，彼德森的估计是正确的。试想一下，每一年所有新开张的企业中，至少有一个零售商将凭借其收入和用人制度成为世界上最大的公司。但是，它的机会在哪里呢？先看一下下面的数字吧。

据统计，2003 年共有 57 万家雇佣型企业开张，同年也有 55 万个雇佣型企业倒闭了。有这样一句老话：90% 的新公司注定将在一年内倒闭。但是，这些统计结果并非想证明这句话有道理。相反，这个统计也表明，有40%的企业在开业6年后依然正常运营，这就等于说60%的企业在6年内关门停业，小企业只有4成的机会能发展成为大公司。

而沃尔玛的发展尤其令人惊叹，因为它的核心竞争力，一不是高科技，二不是石化，甚至连生产制造业也算不上。这个公司只是卖货而已……但它比任何人都卖得好，沃尔顿正好印证了爱迪生的那句话："不行动的理想是妄想。"

山姆·沃尔顿依靠3点基本原则来运营他的公司。

1.尊重个人。

2.服务客户。

3.力求卓越。

如这3点所述，也没有什么特别的东西，但是最独特之处在于沃尔玛能够持之以恒地按这些原则来集中精力做事。

沃尔玛的运输和配送系统能够使其集中精力按规定送货，是"服务客户"理念的极好例证。

公司前任首席执行官山姆·沃尔顿被公认为沃尔玛配送系统的创建者。他的尖端管理技术使公司知道，如何在特定的时间在特定的店铺去销售一款特定的商品。因为每宗销售都有记录，从而可以给配送中心发出订单，使其在一天之内就能补足货架上的商品。

这技术其实并不神奇，因为很多人也干着同样的活，只是沃尔玛做得更好罢了。再回到山姆·沃尔顿的信条上来：生意就是千方百计使客户满意的竞争。沃尔玛懂得降低配送成本，这种方法既可以为客户带来所期盼的竞争优势，又可以给公司带来需要的经济结果。

变理想为行动

现在有一个问题：在公司里你究竟该如何集中精力做事呢？

许多公司都梦想提高员工的主观能动性，所以张贴标语、召开会议。一些公司甚至给员工发咖啡杯、T恤衫、小卡片等东西。这些都挺好，但是，如果目标是持续变化的话，公司不及时更换掉这些东西就不好了。

结果原则不是写在员工会议日程上的一项内容，而是要扎根于公司每个人的心中和头脑里。结果原则并不需要口号和积极性，结果才是最重要的。

如果你相信原则，就要把它说出来

当你的公司规模只有镜子餐厅或者活动营销公司那么大的时候，做到坚持向团队中的每个成员传达结果原则中的要点，并使其信服，是比较容易的。但是，如果你拥有沃尔玛这样大规模的公司时，你所面临的挑战几乎是难以估量的。

首先要集中精力传达你的公司的根本目标和原则。对于大多数公司来说，可用来传达目标和原则的手段是宗旨、理念以及对价值观的说明。但是，如我们在前文中所讲，传达信息的要点不需要正式的说明。

镜子餐厅的合伙人杰欧·卡洛韦说："一份正式任务说明书似乎不能与我们用工作经验来全力打造一个出色的拳头产品促使客户忠于自己的目的吻合。"

你如何传达你的目的和原则，远没有通过人们自觉敬业和纪律制度去传达它们那么有效。光石公司有 18 名员工，公司用 3 个词来表达所期望的文化和价值观：精明、干练、友善，而且不论在公司内外都是如此。史密斯巴克林公司在 3 个城市中共拥有 600 多名雇员，他们印刷了自己的目标、所遵循的价值观及公司誓言，并在网上将其公布。拥有 160 万名雇员的沃尔玛公司把自己的企业经营要领归纳为 3 个基本点。

不论你怎么表达你的根本目的和原则，符合下列标准相当重要。

明白易懂。根本目的和原则与市场信息和时髦等字眼无关。你的用词必须清楚地表明你赞成什么，另外，你也要表明你反对什么。亨利·吉弗瑞有如下表述：用词必须生动活泼，让每个人都知道它的意义，更重要的是这个意义必须成为我们所做的任何事情的核心。

自我认识和企业观念的拓展。任何知道或曾与光石公司合作过的人都会明白：不论是个人还是整个公司，"精明、干练、友善"都是他们对自我认识和企业所推崇的理念的真实写照。他们对于以上原则的努力都在他们服务客户的工作中、在和员工的交往中、在对社区的贡献中得到了体现。

对 SGS 刀具公司来说，不断努力、不断提高产品质量和服务水平使客户满意是它的目的。与汤姆·海格一谈话，你就会知道与经营哲学相比，他对落实行动更感兴趣。然而，他知道员工对待工作的方式有助于改善公司的工作方式。

要有启发性——不仅仅是挣钱和赢利。沃尔玛的核心原则对赚钱只字不提，而 2005 年它的销售额达 2850 亿美元。通用电器公司以行动为先导的价值观是：思考、解决、构建、引领。这里既没有提及利润又没有涉及收益，然而，通用电器公司始终是世界上最赚钱的公司之一。

愤世嫉俗的人会说，没有哪个公司就是为了开公司而开公司的，或者说这些公司就是用来为老板们争取最大的利润的。保守地说，这话不能算对，批评家们的反对声将非常激烈。

从某种程度上来说，这些愤世嫉俗的人是对的。

美国得州第一银行集团的老板加里·奈翁曾说："人人都晓得我们在这里挣钱，可我们的宗旨是提供有用的服务来帮助社区的居民。我支持社区工作和社区事业，除非我们能挣到钱，否则一切都无从谈起。"

挑剔的人还指出一些明显不一致的言行：他们说话只是

作秀，而不会全力执行。但是对于像索尼、通用电气和丰田这样的公司来说，它们能有效地使用这些目标和准则来产生持久的结果，它们就是这些不搞形式主义的现成例子。

公司无论大小都必须明确，简简单单地说明你的根本目标和准则，这对于想要集中公司的干劲是不够的。这仅仅是第一步而已。但是没有它，你永远不能将理想变为现实。

与目标相联系

在过去的 20 年间，很多文章都提到目标设置与个人或团体的成功的关系。当你在因特网搜索引擎上输入关键词"目标设置"后，将出现 100 多万条结果。

大多数公司的问题并不在于是否有能力进行目标设定，而是怎么把目标定得有意义，而且与自身密切相关。

SGS 刀具公司采用了一个名为"综合关联管理"的程序，它可以在横向与纵向动态地将整个公司的发展策略与每个员工的目标相联系。这个管理程序是依据 Hoshin Kanri 的概念，这个概念已经被全世界一流的生产型企业所采用。Hoshin Kanki 是日语（意味方针管理），指的是公司战略方向的管理和控制。这个原理是这样的：

◇ 高层管理需要全面着眼，制定年度战略目标和企业发展急需的一系列措施，并实际地对目前形势进行评估。

◇ 在横向上和纵向上公司的各级单位都要不断调整以促

进目标实现，并确保和战略目标一致。

◇ 调整工作程序以完成目标。

◇ 每个员工都要掌握与公司目标相关的部门、团队的工作情况。

◇ 各个程序都需要评估和微调以确保取得结果。

这个程序的目的是鼓励大家要负责，要有责任心，要对工作充满期望。然而只有当这些概念应用于各个科室、部门和团队时，这个程序才会在整个企业中最为有效。

如果这听起来太机械的话，那么还可以这样理解：为了将根本目的和准则落实于行动，必须创建一套统一易懂的、切实可行的措施。研究表明，在理解预期工作、对公司发展的责任，和对工作的满意度之间有很大联系。调查公司经调查发现，83% 的雇员认为知道自己的工作期望是他们喜爱自己工作的原因之一。

第二节 激发团队获胜的动力

制定纪律

一家公司的商务运营及外购业务经理佩吉·德宝丽认为，标准产生纪律，心中有纪律才会有自律的行为，然后产生结果。

如果你认为佩吉的话太尖锐，那么，你错了。这家公司的实际情况要求对客户做出及时有效的回复，而且市场中只存在成功与失败的差别。如佩吉所言："市场造就了一种永不满足的企业文化，我们不得不始终致力于服务客户。"

德宝丽所描述的纪律与在体育、艺术，甚至军事中的团队竞争时所使用的规则不同。当具有目的性和强制性的纪律变成自律时，自律能使个人和团体都注重这方面的事情，取得实效。

如果重要，就做个测评

一家网站的创办人和首席执行官阿斯戴尔承认当他的公

司只有 6 名雇员时，公司的状况好坏很容易就能够察觉。大家在午餐和下班后会聚在一起，别人干活时他自己就经常坐在那人身边。公司发展到今天，已有 250 名员工，他比过去任何时候都更需要数字的帮助。不光他自己每天看数字，每个员工也都能看到他们自己的结果。

这个原则看上去很简单：当把实际和你的期望相对照时，结果就出来了。每一个遵守结果原则的公司都为工作情况、各个流程以及朝目标取得的进步进行了计量和评估，只是它们采取的方式不同而已。

一家公司在项目的进程中和结束时都对客户进行调查，获得他们的反馈信息。当经理凯文·奥森只是偶尔看财务结果时，公司的首席运营官布拉德·萨克总是在头几名。公司的原则，就是要让每个人在其能发挥最大影响力的领域全力工作。

史密斯巴克林公司全年都在对大客户进行多种评估。公司用正式或非正式的方式去获取信息，尤其许多都涉及一些柔性问题，如双方关系、信任度。亨利·吉弗瑞发现这些柔性问题的答案通常是最重要的。他说："当你已经和大客户有着共同的价值观，并形成一个信任基础时，小问题就不再是问题，大问题则会变成双方相互解决问题和相互学习的机会。"

同样，史密斯巴克林公司全年对员工都会进行多种形式的正式的与非正式的评估。在史密斯巴克林公司，作为一个高层领导，需要为公司的宗旨切实地努力并遵循公司的价值观。

　　亚迪逊镇对于深度管理相关的许多因素做了测试，但罗恩·怀特赫德补充道："我们这样并不过分，相对于过程，我们更看重结果。我们很愿意让需求凌驾于过程之上，我们注重最终的结果，看这个结果是否与公司理念一致。"

　　在注重深度管理方面，SGS 刀具公司则采用更加系统化的方法。销售信息每 15 分钟更新一次，并且在每个小房间的电脑上都能获取，部门指标和工作情况每月测评一次。汤姆·海格说："我们两三年调整一下测评内容，但现在有现成的文件可以指导我们持续关注重点问题。"

　　这些例子的共同之处在于，始终能衡量轻重缓急，推动具体执行和建立相应的企业文化。

3 个重要问题

　　有一次，美国一家公司几乎测评了所有方面，涉及全球 12000 名员工，到头来虽然弄出一大堆数据，而真正有价值的信息却不多。公司总裁说："现在我们只看那些最重要的东西。"

集中精力做事最关键的就是判断哪些是最重要的东西。做测评很简单，要掌握情况却不容易。或许现在该给大家提个醒：基本原则只是最低限度，做得突出才最重要。

我们的客户认为有 3 个问题对确定什么是最重要的工作有帮助。

◇ 我们必须要做什么工作，取得何种结果才能使我们对客户有价值，使我们在市场中有利可图？

◇ 我们该做什么才能表明我们遵循了我们自己的价值观？

◇ 若想有更美好的明天，那么今天我们必须学习什么？

要处理问题

企业的目的与目标可以确定方向，具体的措施可以使精力集中到结果上来。程序建立习惯，而习惯促生企业文化。你可以传授技能和观念，你甚至可以通过小点子带动干劲（和一些满意的笑脸），但是，如果缺少了强化你目的和原则的程序，在技能和小点子上花费再多也是白费。

无论何种行业，注重深度管理原则的公司必须创建工作程序并不断改良。人们创建了系统，在一定程度上，系统也能反作用于人。

举一个美国斯普林特 PCS 客户关怀中心的例子，那里的工作人员会用一套适合于研究和回复你疑问的"程序"（如果你喜欢，叫"系统"也行，在这里这两个词是可以互换的）。

这个程序确保了统一性，它也使得客户代表能够做出与公司根本目的和原则相统一的决定。

程序随时间不断影响工作状况，程序也能通过不断的调整使个人和团队都变得更加高效。其实由此带来的稳定性中会产生一种自由感，使客户代表可以知道他们权力的尺度和公司的目标，有了这些准备好的知识，其可以自如地集中精力积极地开展工作。

如果重要，就认可并奖励

还记得前文中的海豚伊娃吗？

毫无疑问，训练员道恩与海豚伊娃之间建立了一种基于相互信任的牢固伙伴关系，同时，伊娃也喜欢在表演后有人给它鱼吃。

奖励和认可是促使个人和团队集中精力的重要手段，难就难在如何强化突出正确的行为和表现。

若干年前，德鲁克曾和一个在大型电厂工作的经理（现已退休）合作过，经理曾给他的管理班子上过课，课上他说："当我们思考我们的将来时，认识到工作中的每个环节都是相互联系的，是十分重要的，我们必须学会从一个团队的角度来思考和行动。"

鼓舞士气的话一会儿就结束了，电厂的经理离开了房间，讨论课上的学生都笑了起来。正是在这个时候，德鲁克发现，虽然团队合作工作是那位经理那个月课程的最新特色，而补偿体系则是用于奖励个人的贡献。

用切实的奖励和评定考核体系来奖励那些公司努力推行的做法，对公司来说是至关重要的。亨利·吉弗瑞说起史密斯巴克林公司的奖励和评定模式，有个微妙的平衡关系：公司的成功是基于客户的成功和公司的工作表现。他说："我们80%的奖金与客户的目标相联系，剩余的20%则与我们各方面的工作表现相挂钩。"

内部持股

内部持股可以使员工产生企业产权人的感觉，今天在企业中有很多种表现形式。SGS刀具公司利用收益共享的办法来集中力量，这个计划是以全公司各个部门和个人的表现为基础的。休厄尔汽车公司利用平行支付的理念来确保个人表现良好，而奖励是与促进公司成功的工作表现相挂钩的。

大约有11000家公司采用员工持股的方案ESOP，据估计，涉及人数已达880万人。这不仅仅是美国独有的现象，英国、西班牙、意大利、波兰、俄罗斯等国也都采用员工所有制的形式。

结果证明产权是个强大的动力。已经采用这些方案的公司在《财富》杂志 100 个人们最想进的公司的榜单上占了近 80%，在 Inc 杂志里 500 家发展最快的个人公司的榜单中约 1/3 的公司都采用了这种方案。

2005 年，史密斯巴克林公司成为一个 100% 员工持股的企业，这个决定很自然地就是其关怀大众（这样他们才能关怀客户）的誓言的延伸。

在许多员工持股的方案中，公司借入资金购入全部或一部分产权股份，当公司偿还贷款时，员工可以获得股份。在史密斯巴克林公司的员工持股方案中，所有的员工都有机会用自己的钱买进公司的股票，真正地得到公司的产权。这是通过一个一次性的选购来实现的：在他们的 401（K）计划中可以拿出一定比例的资金（0 ~ 100%），或者是从其他符合要求的外部计划中（如个人退休账户）提取资金来购买史密斯巴克林公司的股份。

但是，史密斯巴克林公司并没有就此止步，为了公开、透明、诚信，公司还详细制定了比法律要求甚至比其他大多数公司执行标准要求更高的章程。它的章程要求如下。

◇ 在 7 个人的董事会中：包括 1 名首席执行官、3 名本公司的董事和 3 名企业外部董事。

◇ 任命一名企业外部董事的负责人，他拥有一定的权力与责任，可以与本公司的董事形成一定的权力平衡。

◇ 审计委员会由 2 名企业外部董事组成。

◇ 补偿委员会由 3 名企业外部董事和首席执行官组成，委员会无须董事会批准，可以全权处理对首席执行官和其他高层员工的补偿事宜。

亨利·吉弗瑞曾说："补偿委员会的条款让专家们感到困惑，认为公司的高管们将控制权让给公司外面的人是难以置信的。但是，由于董事会有 4 名内部董事，这些自己的董事（如高级管理人员）实际上已经能够安排自己的补偿。考虑到我们的企业文化、价值观和董事会中的个人具体情况，今天这种安排已经不成问题。但是，为了保证完全的透明度，以及确保消除利益冲突的感觉，我们制定了章程来表明我们更为严格的条款。"

吉弗瑞认为员工持股方案 ESOP 是他领导生涯中的亮点，他曾说："从根本上说，我相信是我们员工日夜辛勤劳作、奉献和无数的付出才造就了史密斯巴克林公司的价值观。正因如此，他们才是应该获得奖励并拥有公司产权的人，而不是公司外面的那些人。对我来说，就是这个原则让我首先把员工持股方案这件事落实。此外，作为一个 100% 员工持股的公司，公司的控制权和命运仍旧掌握在我们自己人手中。"

现在，进入实质性的问题——这样做的确对结果有影响吗？

亨利和史密斯巴克林公司的领导们相信，真正的员工持股可有效地强化史密斯巴克林公司的企业文化，并实现价值观，完成优质服务的目标。吉弗瑞说："如果我们要建立一个恒久、伟大的公司，我们的人知道这样做对于培养、保护和强化史密斯巴克林的企业文化的重要性。ESOP 已经把这点变得实实在在，因为成功不仅仅意味着极好的职业发展和报酬机会，也意味着创造财富。"

SGS 刀具公司的汤姆·海格也赞同这一点，尽管他的公司是一个家族式企业，也没有员工持股方案，它的收益分配计划（叫作 T.E.A.M，意思是齐协力，多赢利）就是一种企业文化积累的效果，而这种文化也是公司自 1990 年以来一直努力想营造的。汤姆说："这个计划可以让同事们确切地了解——我努力想让他们在工作中取得什么样的成果，并使其能有助于全面实现公司的目标，营造一种真正的团队感，让其懂得若想成功，他们必须得和其他人一起协作努力才行。"

实行收益分配方案本身就是一个对员工有极大激励性质的实惠。但是，你必须明确你的公司有这个能力能顺利执行这样一个方案。在你废弃并制定另一个方案之前，让你的同

■ 深度管理 ■

事参与员工持股方案时，要留意一下这句话："没有什么事比有了收益分配方案而不落实更糟糕的了，与其这样，还不如不要它。"

第三节 有效的鼓励，才能保持团队的精力和动力

他们的行为很奇怪

德鲁克曾在弗吉尼亚州的幽思提斯堡的美国部队运输公司总部开办管理培训课程。在去基地的过程中，他曾参观过一个博物馆，那里面收藏了军方多年来使用过的各种运输工具。在靠近博物馆前面的地方有一面墙，上面展示着战役中颁发给士兵以表彰其功勋的各种绶带。以上令人难忘的收藏印证了拿破仑的一句话："人很奇怪，会为了一条彩带而战斗。"

讽刺者会将拿破仑的这句话作为遣责他的力证，但只有在那些在战斗中赢得这些绶带的人才懂得它真正的意义并不在于价值，而是它所代表的曾付出的那份努力。

不是谁都能拿到绶带的

认可别人是树立自尊和产生结果的重要手段。每个公司都应该鼓励所有人积极参与并努力改进运营方式，但是重视

结果原则的企业文化不会把所做的事情与成绩混淆。

电影《拜见岳父大人》以幽默的视角描述了一对生活背景有天壤之别的未来亲家，当他们首次见面时一切都出了差错。其中有这样的一幕：新娘的父亲杰克在看他未来的女婿在墙上展示的各种成果时，转身对新郎的父亲说："我没想到他们还做了第九名的绶带。"

新郎的父亲回答道："嘿，杰克，他们还一直做到了第十名呢。"

当你走进你的医生的办公室时，你希望在他的墙上挂着什么样的证书呢？是"专业认证"呢，还是写个"会员"而已呢？

我们有地方可以开展促进友情和忠诚的行为，也有时间去集中精力干重要的事情。但你要对目标非常清楚，不要把所做的事情和成绩相互混淆，这点非常重要。

讲述故事

你还记得在高中时学过奎克证明的关于三棱锥的几何定理吗？

一时想不起来了吗？那么你能背诵一个你年轻时最喜欢的故事吗？容易多了吧，不是吗？

在书面文字产生前，信息常常以口头说故事的方式进行传递，故事创造的图像和动人的情感永久地将意义嵌入我们的心里。遵守结果原则的公司使用故事和传奇使大家充分理解与企业文化相关的重要经验教训。

有一家小公司让它的新员工在工作开始的 72 小时阅读自己企业的介绍手册，公司的领导想要新人知道公司开始并不起眼，只不过是 3 个人、3 把折椅和 1 台电脑。

类似于这家公司的领导讲述公司的历史，在亚迪逊镇的罗思·怀特赫德也开设了新员工培训课。他给大家讲述了优质服务的故事，使大家了解为亚迪逊镇工作的意义。他们认为季度优秀员工奖的午餐不仅仅是个庆祝公司现状的机会，也是一个为公司增加传奇历史的机会。

科尔曼·彼德森是沃尔玛原执行副总裁，主要的人事负责人。在谈到什么能让沃尔玛的企业文化独一无二时，他说了一个关于山姆·沃尔顿的故事。他补充说这是从他们领导那儿听来的，包括自己目睹的山姆·沃尔顿对同事行为的影响作用。公司春秋季大会、录像和现场报道的目的不仅是使大家共享事实和数字，而且是想让大家分享集中精力来强化企业文化的故事。

故事和传奇是分享经验，传达意图的有效的手段，它可以培养个人和团体的意识和行为方式。讲述公司自己的故事使根本的目的和原则变得十分生动，有助于员工传承公司的文化底蕴，我们也许记不住事实，但我们是永远不会忘记故事的。

休厄尔公司的模式

休厄尔汽车公司致力于提供一种服务：让一次性的买家成为它的终生客户。许多公司吹嘘它们的服务是胜人一筹的，但大部分错失良机。休厄尔汽车公司的主动客户服务观点就是送员工去上培训课，教他们如何更加友善。

就像前面提到的冰激凌公司 A，休厄尔公司非常强调雇佣合适的人选。但是，卡尔·休厄尔知道提供出色的服务不仅仅需要招聘优秀的人才。除了使员工有良好端正的态度，还要让他们能集中精力工作，为此，休厄尔汽车公司做了以下 5 点。

1. 从第一天起教员工企业文化，在员工上岗的第一天就给每人发一本卡尔·休厄尔的书《一生的顾客》。休厄尔公司并不是第一家用书面形式告诉员工重要事项的公司，它只不过是比大多数公司做得更加认真罢了。休厄尔雷克萨斯的销售和租售顾问琳达·阿诺德讲了一个她早期培训经历的故事，这让她了解了公司的文化：

公司发给我们卡尔的书让我们当作阅读作业完成，于是我翻了一下，我估计他们会告诉我们需要知道的一切，所以我干吗要去读呢？就在午餐前，我们就开始了关于阅读作业的测验，老师叫我们在一张空白页上从 1 到 10 排序。我考得很差，但当我吃完午饭回来时，分数都已经按名字字母顺序贴在门上了。我的名字旁边写着"不及格"，我很难堪，但之后的考试我都考得很好，最重要的是我明白了企业文化——要想有所成就，就必须承担相应的责任。

休厄尔公司企业文化的培训并不仅限于课堂上，休厄尔雷克萨斯的服务经理贾奎塔·迪顿说："单据管理员要花2~3个月才能全面了解我们工作的模式。当你来这里工作，在车间里帮技工搞零部件、提货、送货、贷款买车等所有的事，整个团队都会教会你休厄尔公司的企业文化。"

2.适用于一切的程序。想知道怎样在休厄尔的汽车经销店中开一个服务部吗？这是一个有具体衡量标准的循序渐进的程序，同样这也包括司库从客户那里接车子，与客户打招呼开展服务，与其交际的过程。从最平凡的事，到最复杂的事，只要工作中需要与客户交际，那么就会有一个休厄尔模式的期望结果。有些人会因为有许多其认为的严格的条条框框而不愿去做，但是，休厄尔的员工不会这么想。迪顿曾说："因为你知道该做什么才会成功，所以这种结构实际上是给你一种自由感，成功总是需要一个行动计划的。"

许多伟大的即兴表演音乐家都明白自由是来自结构中的这个道理。他们在节奏和曲调的结构中，用各种方式来表达自我。如果缺少了这一点，富有创意的表演就会一团糟。各个程序保证稳定性和一致性。就像贾奎塔注意到的一样："你可以看出有些人开始偏离了我们的轨道，因为他的业绩在下降，他们没有按照休厄尔的模式来做，而这一点都被我们的客户注意到了。"

3. 坚持测评并提供反馈。琳达·阿诺德的培训经历就是一个我们可以效仿的样本。休厄尔雷克萨斯测评工作中的每一个重要方面，公司的内部电话中心会跟踪每个客服电话，每天向经理反馈情况。销售数字不断更新，并张榜公布。对维修工作的操作也是如此，因为维修工作肯定是做两遍才行的。在服务过程中，外面的公司在未事先通知的情况下突击检查评估休厄尔的客户服务流程的好坏。迪顿每天首先留出45分钟看服务部的计划目标的进展情况，每次讨论完毕都会制订一个计划去调整流程以完成预定目标。琳达·阿诺德对公司测评与反馈的使用情况做了总结："我知道我该怎么做，我也知道我干得好坏，我不想当最后一名。"

4. 学习精英们的思路。休厄尔不是个模仿者，而是个革新者，这正是雷克萨斯销售服务在美国排名第一的原因所在。贾奎塔说："我一直在寻找自己与众不同的方法，现在我们大部分对手都提供贷款买车的服务了，但在西南地区首开先河的是我们公司。别人有客服、救援和拖车服务，而这也是我们首创的。我们借鉴许多公司以寻求启发，如四季酒店、迪士尼、丽嘉酒店，但我们始终坚持改进我们自己的流程。"

5. 工作奖励。休厄尔汽车公司有一个理念叫作"平行支付"，它的前提很简单——在涉及补偿时，确保每个员工的利益和销售商一致，佣金就是对销售和租赁高手的补偿驱动力。对于服务性技术工人来说，就是他们正确完成的并有赢利的工作数量。返工的人是不可能得到报酬的。对经理来说，补偿是以部门的净利润为基础的，而对于服务支持人员，则是由对赢利作出的贡献和服务层次决定的。

就像别的遵守结果原则的公司一样，休厄尔公司也清楚，被别人认可就是对自己的奖励。在车间里有块展板，展示着各个技术工人自行争取来的各种证书。这是个自尊心的问题，它可以使每个人集中精力达到最佳状态。

我们错在哪儿

有些公司能够运用本章中所述的程序和技巧带来奇效，但为什么有些公司庸才滋生、联系脱节呢？关键是4个字：激情精神。只有最好的公司才会有激情和精神，差的公司是不会有的。

根本的目的、目标、程序和测评可以建立工作的意义，或者相反，成为抑制工作中乐趣、令人生畏的障碍。两者的区别在于这些原则性的东西的使用方式。懂得结果原则的公司了解工作的激情，关心自己的员工，为建立一个长久的企业，它们还创造了一个有效的工作环境。它们在工作的统一性、可控性和充分相信个人能力之间保持平衡，这一点相当重要。

凯文·奥森向大家解释了有益程序和有害程序之间的不同之处："许多企业都试图尽量从它们的员工身上榨取油水。

但我们只有使员工保持一种平衡感，我们才能看到一定的好处。"

"卡特里娜"飓风过后，休厄尔汽车公司的雇员们被迫离开家园，失去工作，公司为他们安顿好生活并提供工作。美西南航空公司在"9·11"事件后直到空运业复苏，都增补了靠小费为生的机场搬运工的收入，这些就是平衡感的最好体现。

不论个人还是公司，将二者割裂开来，只会不断犯错，分散精力，而不是集中精力。

深度管理原则

◇ 如果你坚信你的想法，要把它说出来。突出你的根本目的和原则能够有助于确定方向和重点，除非你知道你的目的地和到达那里的方式，否则战略计划对你一文不值。

◇ 许多人都有伟大的价值观和理想，但是只有具有将理想变为行动的人才能使你的公司独一无二。

◇ 标准产生纪律，心中有纪律才会有自律的行为，然后产生结果。

◇ 程序产生结构。

◇ 很奇怪，人们会为得到有意义的认可而做事。

◇ 故事和传奇有助于分享经验，传达意图。

◇ 集中精力的方法，辅之以激情和企业精神时，有可能使局面有所改观。

◇ 深度管理原则并非员工会议议程表上的一个项目，目的在于要切实把它嵌入每个人的心和脑子里。

第六章

管出执行力：让员工主动向自己问责

做事和懂得去做是一个整体，是一致的。

——奥尔德·萨姆莱·马克西姆

第一节 责任决定结果

当一个人的工作表现不如意时，他会找借口，而不是承认错误。经理们可以允许工作表现不好的员工们仍继续无果劳作。公司的财会标准和责任制管理原则反复变动。这样的例子还有很多很多。

遵守结果原则的公司和其他公司的最根本的区别在于个人的和公司的责任制度。

我们知道这些话

我们公司的墙上贴着宣传页，上面写着我们所想要追求的品质。讲话也讲了，会也开了，各种备忘录和小卡片也发了，所有的公司也都这么做……甚至那些并没有特别要求什么明确意图的公司也这么做了。安然公司把"尊重他人、诚实正直、团结协作、力求卓越"印在咖啡杯和公司总部的一面大旗上。

也许不该光是展示这些话而不遵守，也许抛开这些话会更好点。至少人们只会认为你不过是笨点，而不是说你不老实、动机不纯。

关于领导素质

一个公司里面的责任感与领导的素质有直接的关系。你可以对你的行为和决定负责，也可以不负责，你可以营造一个让你的员工能在工作中展示自己最优秀的方面的环境，当然，你也可以不去做。

正如我们在第一章中谈到的，好的领导不一定要在有权的高位，他的职位只要能保证别人服从就行，有时这种职位甚至还是不可靠的。

你是否还记得当你还是个少年时，你想和你的朋友们偷偷地从屋子里溜出去逛，而被父母发现吗？即便是你被父母或你其他的监护人惩罚过，难道你就再不偷溜出去了吗；或者，你就从此变乖了吗？

让我们想一下，你可以在公司里依靠职位去命令某人，难道当真这就是你希望的公司、团队、项目组所了解的工作水平吗？这不就是不重视结果原则吗？

服从可以靠强制，但尽职尽责则要靠自觉。两者的不同点可以归纳为对别人的尊重、可靠性、给他人树立的信心，开发办事能力和信任。如果你不能让人相信你说话算话，能够履行诺言，那么你要建立合作关系的夸夸其谈也不大可能让别人当真。如果别人还不知道你会去落实结果的话，十有八九，别人也不会为你改变现状、助你成功的。如果你不能做到这些事，那么建立一个能始终取得结果的公司的机会微乎其微。

我们想知道你怎么办

在德鲁克工作的初期，曾在一个高级领导小组中工作，小组负责一个国家为儿童和青少年开办的住院治疗中心。小组的服务对象是年龄 10 ~ 17 周岁的孩子，孩子们几乎没人愿意去那儿，不用说，有人逃跑是司空见惯的事情。

那段时间，高层领导总是穿着西装，现在想来，其实这没有多大意义。一天，和一组工作人员正站在行政楼的前面，这时有个 10 来岁的男孩冲了过来，德鲁克看了看别的同事，他们也看着德鲁克，德鲁克想等着别人去追那个少年，但没有动静。德鲁克决定穿着西装和配礼服的皮鞋去追他，这时令人吃惊的情况发生了，大家都跟了过来。

几个小时后，护士长来德鲁克的办公室，关上门对德鲁克说："你已经合格了。"

她又继续对德鲁克说："我们对你所做的事很好奇。"在他们眼里，德鲁克还只是一个能帮上点忙的小伙子，他们没有料到德鲁克会自己去抓逃跑的人，他们只是希望德鲁克有责任感、能带个头而已。

美国西南航空公司的主席、总裁兼首席执行官赫伯·凯莱赫定期给飞机搬运行李，在飞机上向乘客问好，因此，他赢得了员工们的尊敬。沃尔玛的行政管理人员每周都要去店里待段一时间。凯文·奥森和加里·沃克都是一家公司的主要人物，他们与客户项目紧密联系，亲自参与一切能高效生产的事。

人们都想看看领导会去做些什么事，一旦他们明白你是有责任心、称职的人，大多数人是乐意与你一起追求结果的。

责任心的两个层面

对结果负责任有两个层面：个人和组织。很明显，这二者是相互联系的。

对于大多数人来说，一个受尊敬的领导（不论职位高低）树立自己负责任的榜样并鼓励别人效仿，这样就是在小组或团队中培养责任感所需要做的全部事情。积极榜样的影响作用不仅仅限于老板，运动队在更衣室也会经常谈论老队员的重要带头作用。他们懂得正确领导的作用和来自同伴的压力。

总会有一小部分人，他们对自己的行动和决定不负责任。对于这类人，公司的责任制就必不可少了。

即使有了责任制，带动别人去承担他们的责任也需要个人的勇气。大多数公司都有获取反馈信息和强化责任制的制度。但是，即使是最好的系统想要实现预期的变化，也要看个人的负责程度如何。

我们自己要主动点

专业运动员会为一场几小时的比赛在心理上和身体上做整整一个星期的准备，难道你不希望他们每个人在即将进行的比赛中都能轻松地承担责任吗？毕竟，花这么多钱就是让他们做这些事情的。

过去几年里，许多的职业运动员以及奥运选手都说过同样的事情：赛场上快要分个输赢的时候，你可以从你的队友和对手脸上看出谁想承担责任，谁不想。

富有传奇色彩的球星迈克尔·乔丹，他是曾经获得过6枚 NBA 总冠军戒指的职业篮球运动员，这样描述他的努力："无论是与我的兄弟姐妹们竞争，还是想引起我父母的注意，我就是想展示我所能做到的事，而且是我能做成功的事，我需要结果，我的内心驱使我去寻找达成目的的最佳途径。"

这是人们经常引用的无名小辈的一句话："如果你真想做点什么，你得找条路子；如果你找不到，那就找个借口。"

当你因为害怕或者因为不感兴趣而不想做某些事时，个人的责任感往往会变成一个问题。当失败对个人造成影响时，恐惧起了一定的作用。这些可以解释为什么运动员在比赛时不愿承担责任了。这也可以解释为什么有些经理在分配较大的权力时，在面对工作表现欠佳的员工时会为难了。

对工作的漠不关心，无论是有意的还是无意的，这都是采取和实行个人责任制的原因。在新一轮的积极性未消退之前，经理一般不会转向下一个项目或者危机，他还是让员工去完成先前的重点工作。那些从来不想改变的人非常满足于撒手不管，漠不关心的心态促成了他们现在的状况。

不管哪种方式都是缺乏具体的实施的，结果都会让你被炒鱿鱼。山姆·查尔安提出，首席执行官失败的原因七成在于执行的问题。IQ公司的董事长兼首席执行官马克·墨菲也赞同这一观点。他在报告上说："缺乏具体实施，包括容忍差劲的工作表现和没有采取足够的行动，这与战略上犯的重大错误相比，对你的职业生涯危害更大。"

稍等一下，你是说责任感和执行比战略更重要吗？

以长远的眼光来看，的确如此。根本的目的和准则很少变化，但是战略必须不断改进以适应市场需求。一个普通的战略计划如果执行得好，通常会胜过一个优秀但执行得一般的战略计划。总之一句话，没有各级的优秀领导，再好的战略方案也终会失败。

想对你自己的决策、行动、承诺和结果承担责任时，如果没有积极的奋斗，或者不能真正感到自在，你就别指望能影响别人来跟你学。

第二节 让员工为自己的行为负责

自上而下还是自下而上

依传统观念看，创建和推动企业文化的责任一般落在领导身上。并且从某种意义上说，这也沿袭至今。美国西南航空公司的企业文化是其领导致力于服务大众的直接产物。沃尔玛的企业文化仍旧反映了山姆·沃尔顿的个性。史密斯巴克林公司的亨利·吉弗瑞认为领导最重要的责任之一就是阐明重点、统一要求、保护并培育真正的企业文化。

那么，这也就是说除非你是个首席执行官，否则你花时间读这本书就是浪费吗？其实，并不是这么回事。

小组领导和经理都可以建立他们自己的重视结果原则的企业文化，只能有一种大家共有的企业文化，这种想法是荒诞的。当然，在一些小公司里，如镜子餐厅只有一种文化，但是会有人真的相信在沃尔玛每个店铺里，或者甚至是在德州第一银行集团的各个分公司里的文化都会一模一样吗？德州亚迪逊镇的警察局的文化不同于活动策划部门的文化，但二者都在城里全面的优质服务的文化中和谐共处。

那么如果你不是领导，你该怎么办呢？

还记得我们一直在谈的影响力吗？各级别的领导们将影响讨论的内容，但你不一定必须当领导才能实现这个目标。

如果你已经为公司干了段时间，或者你看过《学徒》节目也行，你就会知道一个人在任何集团的文化中都会有巨大作用，特别是当他（或她）对本企业文化持否定态度时更是如此。

因特网最令人瞩目的方面之一就是任何人都能够影响谈话的内容。德拉吉报道规律性地影响着国际媒体，员工博客上的留言反映着公司员工当前的真实想法，聊天室和网站的存在就是为了共享员工和顾客的观点，无论它是好是坏。

所以，这就是对于自上而下或是自下而上问题的回答。确保你的文化，消除竞争的最好方法就是使各级领导对产生重要结果的行为负责。如果你是位领导，就要对领导的工作负责。使你能在市场中出众的企业文化，顶多就是那些看上去不可能，但做起来并不困难的事情。

如果你不是领导，也不要低估自己对别人的影响力。不是让你去讨好老板，或者当公司的主角，只是想让你明白你不必当一个唯命是从的人。

抽水事件

在"卡特里娜"飓风和"新奥尔良"洪水过后,预计要花 3～6 个月来抽干城里的积水,但是只用了几周就抽完了。

完成这项工程的英雄是新奥尔良污水管理处的 300 多名员工,他们已经做过上千次这类的工作。他们连续奋战,一些人穿着别人给的旧衣服,一直用市政大型排水泵抽水,并一直工作到水抽完为止。

经理和员工们携手取得了重要的结果。新奥尔良污水管理处很有可能会因为他们的勇气和责任感而发生永久的改变。

激励他人的责任心

20 多年来,德鲁克向一些参加领导管理培训课的学员问过这个问题:"人员管理和协调工作中最困难的地方在哪里?"

学员的回答好像包括:"使人保持责任感和解决问题。"

课上一个学员告诉德鲁克说,他所在的公司不存在缺乏责任心或是工作表现欠佳的问题。因为在过去的 5 年间,他们公司从几千人的生产队伍中开除的人不到 5 个。另一个学员也很快说:"问题的关键就在这里,没有人能通过开除而得到好处的。"

德鲁克的目的不是推荐裁人的定额考核系统,但是,在大多数公司中,你得留意那些对结果不负责任的人。干得好的人晓得哪些人不起作用,要是这些既有能力又勇于采取行动的人帮忙的话，会使他们自己的日子更好过。

如何解决责任心的问题

有很多不同的方法能够使别人负责任。通用电气公司和其他一些公司使用了一种强制分级制度，这种制度规定每年都有一定比例的员工被认为工作表现较差。

有人支持，也有人反对这种强制分级制度。较好地采用这种制度的公司不多，但这些公司已经建立了一套与企业文化相一致的操作流程，这套流程可以有效地保证落实责任制。强制分级制度是公司的又一种工具，使用这种系统的大多数公司并不成功，首先是因为它们确保责任制落实的工作做得很差劲。如果领导水平较差的话，多年以来作为一个速效的解决措施，强制分级对你的企业文化将是灾难性的。

找个适合你们公司文化和实际情况的方法，才是关键。

比如说，某家公司给每个员工指定了一位资深顾问，每个人都有一个包括对财务、技能、态度、企业文化目标的执行计划，用于指导他们工作。个人独立解决一切问题，小组成员之间相互负责任。SGS刀具公司的小组向那些未完成目标的同事建议采取纪律性的惩罚，以确保责任的落实。

德州第一银行集团和亚迪逊镇则更多地采用较为传统的工作表彰方法。

许多公司都采用一种叫"积极表现"的管理方法，这套方法基于如下的一些根本观点。

◇ 个人应当受到尊重，应当以诚相待。

◇ 大多数人还是想做好工作的，只要给他们机会和能力，他们也能做好。

◇ 领导的职责就是为个人和团队取得成功营造一个适合的环境。

◇ 人人都有责任帮助公司做出结果，并建立牢固的人际关系。

◇ 对个人负责就是我们有权要求每个人都能自行负责。

各类公司，如亚拉巴马电力公司、斯普林特 SCS 和德州 A&M 大学，一旦当它们都认为责任感是积极有效的之后，除了在工作表现和生产上的改进以外，在纪律性的惩罚和人员留用方面都有了明显进步。

害怕面对

如果我们采用了新办法，我们的责任感问题就能顺利解决了吗？

不能！

上面写了很多关于建立责任感的文字，原因是你们中的大多数人由于不满公司的做法，宁愿找借口，而不愿承担责任。

没有达到工作要求的人或者那些无贡献者的比例其实很小，可能只占 2% ~ 5%。美国联邦政府发现，自己的雇员中有 3.7% 工作表现欠佳，所以估计你们公司的比率不会比它还差吧。

我们解决不好贯彻执行的问题的真正原因，与是否有恰当的程序，是否有大量早就该离开公司的闲人无关。原因是我们面对工作表现差的人所产生的不适（或害怕）。

我们中的大多数人在工作中不能积极地面对别人，同样，我们在生活中的其他方面做得也不会太好。

牙膏的故事

来看看这件事，是否有点类似呢？

在德鲁克婚后的头一个早上，看见他太太从牙膏管的中部挤牙膏。德鲁克这边却依据说明所写的"由牙膏底部向上挤出，并将其卷起，效果最佳"（这也是像德鲁克这类挑剔的人所说的话）。

你或许认为这没什么大不了的，但是，就是这点小事常常破坏人际关系、信任、责任感。不要忘了，WorldCom 公司的倒闭就是源于账目数字上的微小变动。

德鲁克自己暗想：我得跟她说说这件事。但是心里总是担心。德鲁克站在卧室里，他结婚未满24小时的太太还在睡觉，他抓着那管牙膏尖叫着："这是什么？"

这并不是什么美好的念头，所以像大多数人一样，德鲁克从底部向上挤牙膏，再放回架子上。德鲁克想这只是一次偶发事件，只要他做出一个正确的示范，她必然自行改过来的。

就这样又过了几个月，她依旧从中间挤，德鲁克从底下挤。在那段时间德鲁克拜访了她父母，德鲁克以前也曾去过他们那里，现在德鲁克却以一个新的眼光看他们，她的父母各自都有自己独立的卫生间。

德鲁克走进她母亲的卫生间，那里有一支牙膏，也是从中间挤的，他知道十之八九了。

那天以后，德鲁克又去拜访了她的外祖母——她母亲的母亲。谈了一会儿，德鲁克找了个借口就偷偷地看了一下她的卫生间，里面的牙膏不仅仅是从中段挤的，倒更像是中段被什么碾压过似的。现在，德鲁克意识到自己在处理一个世代沿袭的问题，这个问题只会随年龄的增长而不断严重。

最终德鲁克找到了一个突破点。一天早上，德鲁克转身对太太说："你不知道我恨这样吗？"

德鲁克太太看着他，笑了笑……给他的第一反应就是她是一直故意这样做的。

她说："噢，当然，我两个月前就知道了。"

她一直在笑，而他……并不觉得那样好笑。

他怒吼着："既然你两个月前就知道了，为什么还要这样做下去呢？"

她回答道："你是个挺牛的顾问，你帮全世界的人取得成果，让他们更加有效地沟通，让他们负责任，这呀那呀的，我就是想看看你要花多长时间来跟我提这个事。"

她笑得更欢了，而德鲁克……仍旧没觉得有那么好笑。

于是德鲁克说："我现在跟你提这个事了，你打算怎么做呢？"

她的回答是："这是个7毛9分钱的问题，如果这对你真的是那么重要的话，我以后会买2管牙膏。"

德鲁克不是唯一有这种经历的人，这不是德鲁克太太的问题，而是德鲁克不愿为面对困扰着自己的事件负责任的问题。

实际上，如果自己能找个恰当的机会，走到太太跟前，说上句："甜心，这也许看上去没什么大不了的，但对我非常重要。"那么，下面的两件事应该至少会有一件会发生：

1.她会说："是没什么大不了的，这不过是个7毛9分钱的问题。"

2.如果你真的认识我太太的话，你应该知道她更可能这么回答："好像这是我的个人问题，你得自己处理。"

随便哪样，问题都解决了。

重要的问题是：有多少7毛9分钱的问题会变成你们公司的大麻烦呢？你知道这里指的是哪些公司吗？是那些规模相当大的公司。你不得不召开一个特别会议或者召集公司里在你之上好几个级别的相关人员来解决问题。

敢于面对的勇气就是要看你如何使你的文化变得有凝聚力。

你不适应文化

有一次，A公司的首席运营官卡丽·阿德琳极其兴奋地告诉德鲁克说她的小组又来了位新的部门经理，他来自一个大名鼎鼎的公司，他的一套管理技能相当出色。但是，几周之后，情况变了个样。

德鲁克问卡丽她的新经理干得如何，她说："他走人了，干了3周后我们让他走了。"

德鲁克想到的是：偷窃、和某个同事有不恰当的行为？还是在工作中某些方面有困难呢？要不然，还有什么别的原因会让你在短期内解雇一个前途光明的部门经理呢？

卡丽回答说："他不适应我们的文化。"

她似乎迫不及待告诉德鲁克一些出现的小迹象。这个经理要与他部门的员工碰面并不费多少事，但他大部分时间都待在那扇紧闭的门后。让卡丽最终确认的是在一次会议上，这个经理向低于自己两级的下属说的一番有失身份的话。很显然，卡丽和首席执行官道格·范·阿斯戴尔认为，这样工作是不妥的。他们心中已经没有别的选择了，只能在公司文化未受到影响之前让他走人。

卡丽与你我并无二样，她不会早上一睁眼就开始想："今天我该炒掉某个人。"但是，她的确与那些执着实现深度管理的领导有共同的特征：她可以勇敢地去面对。

第三节 学会有效授权

硬性决定不等于生硬的交谈

史密斯巴克林公司的亨利·吉弗瑞赞成挑明并直面他人的错误肯定不会舒服这种说法。但他又说："在看别人为公司宗旨做出的贡献和行为是否与我们的价值观统一时，你既不能留情面也不能动摇。"

别把坚持注重结果作为带动别人的正当理由。用这种方法会耗费你的才智，破坏伙伴关系。最好是当你需要别人承担责任时，能确保他们服从就行。关于工作表现和贡献大小的强硬决定未必就等于口气生硬的交谈。

这里想花点功夫说一下交谈细节的问题，因为去面对别人而又不正面冲突的能力太重要了，所以，以合作态度来面对工作时你可以采用以下 6 点。

1.提前准备。针对你的要点制定一个大纲，应注意的是工作表现和结果而不是人，用具体细节描述预期结果和实际的工作内容。做一张表，上面列有为何要解决问题的充分商业原因和不改进工作会产生的潜在后果。在会议之前，你在心里把要谈的先过一遍，预想一下可能出现的问题，如果你预先有准备的话，你就可能更加冷静清醒。

2.不要威胁别人，以一种具体的、行动的方式引起人们对问题的注意。谈话的开始将确定话语的基调，所以措辞要得当，说明你的期望，并将其与你看见的实际工作情况和具体行为相对照，让每个人从他们自己的角度表述他们的情况。你一边听一边恰当回应他们，这就是一种目的在于解决问题的合作关系。

3.就问题的性质达成共识，在不破坏人际关系的条件下建立对结果的主导作用。很奇怪，很多人没法让别人干新的活儿或者商量一个改进计划，所以直接问道："今后我想让你去解决这个问题，我能指望你吗？"

多数人会同意的，然后他们肯定会说："我很高兴你同意，那你打算怎么去实现这些美好的愿望呢？"你可以提供适当的帮助，但不要忘记要使个人承担一定的责任。

4.乐观地向前看。谈话时一个劲儿地数落别人的过去毫无激励作用。如果你确信这个人在公司里没有发展的话，为什么你不解雇他呢？这时你该提醒这个人你对他或她在未来的希望和抱负了。

5.要写下来，根据问题的严重程度来调整文件的轻重缓急。如果事情一般，略写几笔来记住谈话；如果事情严重，写一个备忘录来总结谈话、协议，这样继续发展下去的潜在后果，以及你对未来的积极希望。大多数人在谈话之前就写文件，这是个错误的做法。如果一个人递给你一张纸然后说："看一下，签个字，现在让我们正儿八经地讨论一下好吗？"你会做何感想呢？如果你的公司有类似这样的制度，那么还是遵守这个制度。

6.做好后续工作以增强决心，提供支持，继续维护人际关系。如果问题重要，值得进行一次谈话的话，做好后续工作也同样很重要，这样就可以完成一次谈话过程，让人知道如何解决问题与知道问题本身同样重要。

用这种方法来面对问题可以使每个相关人员都轻松点，正如亚拉巴马州电力公司的道德与商务制度部的经理沃尔特·格累厄姆所注意到的："员工能够首先找上级谈话，因为他们知道上级乐于谈话，并帮助解决问题，员工和领导不是敌对的。"

小问题的大代价

既需要别人服从，同时又渴望他们承担义务时很难平衡，当你知道了需要遵守的原则时就会有安全感。当你给予有技术并愿意努力工作的人机会，当他们实现令人惊喜的结果时，他们会产生一种自豪感。

广泛接受别人的想法、观点、进取精神，对于那些认为责任感主要是来自服从的人来说会吃惊不小。服从有可能拖延做出决定甚至延缓行动速度，这就是一些倾向于这么做的人为什么不积极进取而总是墨守成规的原因。

德鲁克曾经当过行政管理医院住院部伙食经理，他倾向于让员工无条件服从。一天，德鲁克走进厨房，看见用漆刷写的，通向服务区的门上的一句话："多干活，少说话！"

德鲁克吃了一惊，然后立即叫人把这句话涂了。他所在小组的同事似乎很从容，不过对德鲁克来说，这是他看见的第一个问题的迹象，而对员工而言，这不过是他们天天听的并反复强化的要求而已。

学会授权

在以深度管理为文化核心的企业中，领导们既认识到服从管理的必要性，同时，对于授予员工自己控制行为结果的权利的做法也会欣然接受。就他们而言，这不是个二选一的问题，他们两件事都做，并选择以最低要求取得最好效果的方式。

准备让别人对他们自己的决定和结果负责，领导们需要做以下几件事。

◇ 明确地告诉别人根本的目的、原则和期望。

◇ 提供必要的知识技能。

◇ 划定个人的行动范围。

◇ 对于按照原则踏实地追求目标的过程中的失误应给予理解和一定自由度。

家里有10多岁孩子的父母懂得简简单单的几句话是不够的，还记得你10多岁的儿子或者女儿第一次把家里的车开出去吗？一些家长们说他们当时很紧张。有人说："我十几岁的儿子第一次自己开车的那个晚上，我8点上床，睡得像个婴儿一样，每2个小时就会醒一次，然后哭一下。"

两种错误

人人都会犯错，错误有两种：头脑错误和内心错误。

内心错误就是你知道什么是你该做的事，但是你的心让你因为不正确的原因而去做事。内心错误就是一些违背根本原则的决定和行动。如果你是领导，要尽快根除这类错误。如果你不是领导，要让同事知道他们的所作所为是错的，并给他们更正的机会。要是他们不改，就向上级汇报。

头脑错误是在追求根本目的和公司目标的过程中，或者在遵守你的原则的过程中所犯的实实在在的错误。这些错误是学习的机会，你不能永远犯这种错误，因为你有机会去改正，不断成长，不断前进。

试想一下你一生中得到的最重要的教训中，有多少是从错误中学到的呢？

德鲁克记得一个很重要的教训，这是德鲁克从别人的错误中学来的。在德鲁克16岁的时候，他的兄弟晚上溜出去，擅自开着父亲的小货车与朋友兜风时被发现了。

德鲁克看见发生在他身上的事情，从他的错误中吸取了教训。当然，德鲁克也就没有什么东西可以让他的弟弟揭发的了。

你要做的全部就是负责任

休厄尔汽车公司的卡尔·休厄尔曾说："公司几年前花了大量的时间在程序上，当然程序很有用，但是责任感和程序同样重要，甚至也许比程序更为重要。"

如果每个人都能对做出的结果承担责任的话，设想一下由此可能带来的成本节约和产生的革新，你应该知道这些东西对消除竞争的重要性。

这很难做，如果程序没有像计划的那样生效时，你也不想面对一个困难的局面束手无策吧，或者，你可以认为这不关你的事。

如果你对你自己的工作不负责，也不对别人的工作负责，我们知道这样会有什么后果。因为我们已经看到过只把责任感当成服从命令时的后果了。

如果你负责任的话，最坏又能坏到哪里呢？犯错误是生命中的一部分，而不负责任本身就是一个错误。

所以，继续向前走吧，你要做的全部工作就是负责任。

深度管理原则

◇ 遵守深度管理原则的公司与其他公司的根本差别在于个人和组织的责任感。

◇ 领导别人是一门影响他人行动，鼓励他们取得结果的艺术，这不是以权力大小为基础的，责任感说到底是领导们自己的问题。

◇ 当结果正在形成时，你的组员就能知道你是否负责任。当没有作为的人被要求负责任时，干得好的人会很高兴的。

◇ 害怕使我们不能面对工作不达标的人。

◇ 工作的硬性决定不一定非要用强硬的对话。

◇ 如果置之不理，即使是小问题也会变成重大问题。

◇ 既重视服从指挥的重要性，也要适应帮别人来掌控他们自己结果的转变。

◇ 有两种类型的错误：头脑错误和内心错误。头脑错误是个学习的机会。

◇ 你的文化能确保消除竞争的最好方式就是要求各级领导对重要结果负责任。

第七章

塑造企业文化：从理念意识到行为习惯

我恨失败，我是说，我爱取胜，但是失败则是一种更加强烈的感受，当我失败时，我非常恼火。

——珍妮·芬奇

第一节 让明天的结果比今天的更好

过去的成功只能证明你曾经是正确的，拥有忠实的客户只会偶尔地缓解一下清淡的生意，但是他们持续的失望会使你损失很多。一个王朝的胜利和一年中零星的胜利的区别可归结为一种能否持续超越昨天的能力，也可以把它看作一种对结果的热爱。

欧洲工商管理学院的组织行为学副教授约翰·R.威克斯认为："只要这个公司做得出色又挣了钱，记者、投资商、分析家就会对公司文化大加赞赏。"

就像有首老歌中唱的一样："无人知晓你何时穷困潦倒。"

回顾杰出公司

1982 年，在到处充斥着商业书籍的情况下，汤姆·彼得斯和鲍勃·沃特曼出版了《寻找杰出》一书。这本书介绍了43 家杰出公司。2 年后，《商业周刊》杂志有一篇封面故事对两位作者的选择提出质疑，上面说书中提到的几个公司做出的成果没有那么辉煌。

的确不假，有几个公司根本没有那么杰出，一些公司——如王安电脑公司和 Atari 游戏公司——很快就倒了。而其他一些公司，如零售商 Kmart 和德尔塔航空公司火了几年后也倒了。另外一些，如 IBM 和施乐公司，经历了困难时期之后有所好转。但总的来看，彼得斯和沃特曼的杰出公司列表本身做得挺好的。

要是你在 1982 年将 1 万美元投资在杰出公司表上的 32 家公募公司中，也别动这些资金，那么 20 年后你将积累 140050 美元，同样的资金如果投入道琼斯的公募公司中会收益 85500 美元。简而言之，与道琼斯工业股票价格平均指数公司的年平均回报率 11.3% 相比，与标准普尔公司的 10.1% 相比，彼得斯的列表上的公募公司的年平均回报率为 14.1%。

那么，我们有个很想知道的问题，为何有的国际型企业如英特尔、沃尔玛和万豪酒店能长盛不衰，而另一些走下坡路以致被人淡忘了呢？

梅里尔·查普曼相信他已经有了《寻找杰出》一书中着重介绍的高科技公司失败的答案了，他认为原因是他们不能从过去吸取教训，重复犯同样的可避免的错误。

你从过去吸取教训了吗

一家化学公司的计划制订小组会议上来了一位不速之客——一家工厂的生产运作经理，出于礼貌，他被列入了会议名单并予以宣布，但没有人料到他会真的飞过来开会。

会议一休息，德鲁克就对他来参加会议表示感谢。他回答说："没什么，反正本来我今天也没有多少事要做。"

这句话让德鲁克一愣，因为他的工厂生产计划很紧，需要一天24小时地生产。德鲁克笑了一下，说了类似这样一句话："我敢确定那并不真实。"

他解释说除了夏季，他每周大约工作45个小时，他每个周三的下午还可以早点下班去打高尔夫球。他大约有50% ~ 55%的时间用于生产事项，开会处理工厂的日常事务，他每周花25%的时间来做后续工作，指导员工，团队建设，一周中余下的20% ~ 25%时间则用来为将来作打算。德鲁克当时负责咨询的项目属于为将来作打算的那一类型，所以他想他是来对了。

德鲁克问他这个工作安排持续了多久，他说他在工厂里已经干了有几年了，当他的团队不断提高能力水平，更加有效地学习和工作时，他的安排也随之变动。他的安排是这样的，当出现新问题的时候，生产运作经理无论手头上正在做什么都会先放下去处理问题。每天工作的时间或者一周工作几天无关紧要。他会一直努力解决问题（与他的员工并肩工作）

直至找到解决途径并好好执行为止。由于大多数问题总是要依靠方法的，所以第二步就是确保公司上下都能不断更新知识，不断学习培训。因为他想要促成一个从失误中学习的氛围。能认清问题的人通常受到公司的认可。他继续说道："可是，如果一个问题出现第二次的话，那将是另一种不同的对话方式了。"

不可否认，自从有了这种交流方式，变化的速度越来越快。然而，领导还是有功劳的。许多公司总是接二连三地犯同样的错误，不断地搬起石头砸自己的脚，过了这段时间，它们甚至认为跛着脚走路也是正常的了。

有个很好的方法可以知道你是否从过去吸取了教训，这就是将你的公司置于这样一个纵轴上：在上端你可以一次解决 100 个问题，在下端你解决一个问题要用 100 次，你越靠近上端，说明你从过去的失误中吸取的教训越好，你也更有可能对你取得的结果真的感到满意。

仅仅吸取过去的教训是不够的

关注过去（即使你从以往的错误中吸取教训）再也不会给你带来优势了，变革和领导研究专家特瑞·保尔森博士说："变化是在汽车前窗外面的，这就是为什么你的后视镜要比挡风玻璃小的原因。"

在未来你公司所面临的问题将会与全球化、运送系统、组织结构、人才开发有关系，还与能导致你的产品和服务时的重大事件的发展情况有关，实现未来的结果取决于你改变的快慢、学习的数量和努力的激情。

你相信她吗

在你结婚前，你的太太可能对你说："亲爱的，我不要你改变。"

你想："不错！"

她又接着说："我很希望你能不断适应。"

这话像句总结，不对吗？

这个时候，每个人都该意识到要求在不断提高，改变永无止境，如果你听着觉得新鲜的话，那你很快就会遇到大麻烦了。如果你公司的一切都在变化的话，那问题也将不复存在。问题就在于你预见和适应得快慢了。

第二节 企业文化需要不断转变

企业文化——是加速器还是只锚

我们关于这点的讨论，全都是在赞扬一个强大的企业文化的优点，把它当作消除竞争的最终武器。但是它也有不好的一面，你们公司文化也可以变成一个阻碍你们前进、无法适应未来变化的锚。

伯利恒钢铁公司在1955年是《财富》杂志500强的第八名，到了2002年下滑到440名，国际钢铁公司于2003年收购了这家公司。封闭的决策体系，过时的工作规章，对市场变化的反应迟钝，这种文化成为阻碍企业不断发展的锚。

曾在《寻找杰出》中被重点介绍的一家公司——施乐公司，与消费者失去了联系，也未能跟上数字时代，它充满创新精神的历史被企业文化中的官僚主义所笼罩，这让7角9分钱的问题一直发展到成为非得动大手术才能解决的问题。

这时我们不妨转变一下看待变化的方式，这对大家来说也是个好建议。关键在于建立一种适应性强的企业文化，既尊重过去，又能始终坦然应对未来的机遇和挑战。形成这种文化的最好办法就是在追寻根本目标的过程中多多改变，而不是改变一丁点儿。

不断改变

德鲁克曾负责咨询一家有 3000 名员工的公司，一次他的首席执行官召集 75 名高级经理到会议室，以下面话作为开场白：

"我来这里刚满两个月，我花了不少时间去了解这里是怎么办事的，我有个结果，那就是通用公司在 20 世纪 50 年代时就已经比我们更加灵活、更有效率、更加以顾客为中心。这里的现状需要改变。"

虽然你们中间的某些人可能怀疑这些措辞，但你知道重要的是这个公司需要整顿一下，而不是简单批评一下。有时你只需把它放在心上，这种坦率认真的方式已经成为安·马尔卡希带领施乐公司扭转局面的里程碑。

马尔卡希这位首席执行官已经给公司未来制订了一个令人吃惊的计划，之后他在接下来的 18 个月中精心对公司进行了 6 次重组。

为什么要这么多次？难道他们做得不好吗？

这一系列重组背后的驱动因素是公司必须不断调整经营

方式，以满足变化的市场要求的理念。并不是所有重组都与大量解雇相联系，而是一系列以服务客户为中心的、有时大规模有时细微的对资源重新组合。

　　适应力和预测变化的能力是种习惯，养成一个习惯的唯一途径就是要度过一段不舒服的日子。在 20 世纪 60 年代早期 IBM 的首席执行官托马斯·华生有句话："我相信如果一个公司要应对来自不断变化的世界的挑战，除了那些伴随公司一生的信念，我们还必须做好改变公司的一切准备。"

转变，而不是改变

　　由于马尔卡希创造性的领导，加上数千名员工的努力挽救，施乐公司在接近破产的情况下扭亏为盈。虽然他们的努力使人印象深刻，但我们不得不反思：难道只有等到危机出现才是切断历史束缚之锚的唯一方法吗？

　　我们不必说得很远，只要看看通用电气公司就知道答案是否定的。有一期《财富》杂志的大标题为："又一个老板，又一场革命"，文章写的是杰夫·伊默尔特决定改变他的前任杰克·韦尔奇（一位传奇人物）所确立的方向。当然他们对韦尔奇以及他的前几任首席执行官也说过同样的话。

　　生命就是一个人不断转变的过程，对于公司尤其是这样。下面 5 条建议可以使你年复一年地保持获得结果所必需的危机感。

1. 制造创新压力。危机可以造成紧迫感，寻找机会和保持劣势心理同样也会产生紧迫感。戴尔电脑公司和沃尔玛不仅仅是在低成本策略上有共同点，二者也都始终保持一种对成功的渴望，它们寻找机会而不是在等着危机来临，创新压力更多获得的是一个强烈愿望与现实结合时产生自然的结果。戴尔也许是美国个人电脑销售的领头羊，但在许多别的市场和别的类型产品中仍然存在着机会。

2. 确保留住重要的东西。佩吉·德宝丽说它的高层领导高度重视人才开发，创造条件帮助员工成功，让他们诚实。你公司的重要东西是什么呢？客户服务，产品制造，保持一个有职业道德的环境？不管它是什么，务必使其保持下去。安·马尔卡希从施乐公司的成本中削减了超过20亿美元，但他并没有触动研发的经费，与美泰克家电公司不同，它削减了一半新产品的开发经费。不能确保重要的东西存在你也就不可能取得结果。

3. 分阶段走向将来。亚迪逊镇于1994年进行首次远景规划工作。结果就是有了这个集团应该在2020年如何看待、感受和行动的建议书。10年后，这个集团又把目光放到了2030年，与大多数同行不同，亚迪逊镇的战略眼光并不是以债券募资来完成建设的第一步。事实上亚迪逊镇不到第一个远景规划完成的数年后，是不会为一个单独项目募集资金的，他们的目的是做一个导向性的指南针，而不是去仔细地画张地

■ 深度管理 ■

图。罗恩·怀特赫德让这种想法又更进了一步，他叫他的员工写"革新报告"。罗恩说："这不仅仅是关系到什么是最好做法的问题，我们还想找到我们可以开发的新领域。"

4. 尊重过去。许多年前德鲁克经常打网球。德鲁克选的球拍是你能买到的最好的一种威尔森·肖恩·史密斯的型号，它是木头做的，拍面很小，一场比赛后好像它重得似乎不是用盎司来计算，而是用磅来称的。

后来，德鲁克仍在使用那个球拍和别人比赛，但是如果他的对手使用由太空时代的复合材料所制成的最新产品，球拍面积有垃圾箱盖那么大，他很难取胜。

今天令你灰心丧气的技术是别人对过去方法的革新，不要批评他们，接受现实。就如一句谚语说的，你必须认识到："疯狂就是做你一直做的事情，还是希望有不同的结果。"

5. 意识到现在的日子会完结。德鲁克的眼科医生查完他的视力后说："以后几年里你的胳膊足够长了。"假如你正在衰老，你就能够理解德鲁克视力变化的情况，你就知道一切都会结束的。然而，很多领导和公司都拒绝承认这个真理，他们不按这个原则行事。英特尔公司的首席执行官安迪·格罗夫说："在你的商务世界中一些根本性的东西迟早会改变的。"

你学到了什么

"我们懂得公司未来唯一的竞争优势将是它的经理比它的竞争对手更强的学习能力。"这句话引自荷兰皇家壳牌公司已退休的计划负责人阿里·德·格斯。这句话从 1988 年一出现就被反复说起，不断修改。

那么为什么要在这里提这句话呢？首先，因为这话是正确的。其次，这句话说得不够深入，只有当学习延伸到企业的每个人时，它才是竞争优势。

在前文中我们提到，SGS 刀具公司每年花 50 个小时让每个人学习，以此建立合作伙伴关系。如本书中涉及许多策略一样，学习策略有双重目的，请记住 SGS 刀具公司并不是为了学习而学习，一切都是为增强个人成功的能力。

卡尔·休厄尔汽车公司每年对每个管理人员投入 40 小时的学习时间，他们根据工作的要求，也提供非管理人员宝贵的培训学习机会。卡尔·休厄尔估计大约 75% 培训学习的重点会与你的工作领域相关，其余的 25% 是提升人员技能的。休厄尔经常让同事去上戴尔·卡耐基的培训课以提高他们的技能。

卡尔同时也以为学习而学习著称。休厄尔汽车公司的前副总，负责市场和人力资源的克雷格·英尼斯说，他和他的同事曾经被送去上了一周关于战略规划的课程。一回公司，他们两个人就递给了休厄尔先生一份调整公司努力方向的计划。当他们得知他们被送去培训课的原因与改变公司的计划制度毫无关系时，他们觉得很奇怪，卡尔只是觉得学这些知识和学习的经历对他们有好处。

为什么一个汽车公司派技术人员去上戴尔·卡耐基的课，派管理人员去上一些不能立即在工作中得到应用的课呢？因为卡尔·休厄尔懂得学习的价值，实际上，他相信知识是最宝贵的东西之一，可以确保公司产生持久的结果。如果你经过学习变得更好，那你也将成为一个更好的合作伙伴。

阿尔伯特·爱因斯坦曾经说过："起初有些思维方式给我们造成问题，我们不能再用同样的思维方式来解决今天的问题。"把目前的工作做得更好固然重要，但是学会以不同的方式思考才是解决还未遇到的问题的关键。

你有多在乎

布拉德·安德森（零售集团百思买的首席执行官）、蒂姆·邓肯（2005 年 NBA 冠军队圣安东尼奥马刺队的全明星前锋）、马克·库班（身价数十亿的网络大亨，HDNet 公司的创始人），达拉斯小牛队的老板以及杰伊·莱诺 （《今夜脱口秀》节目的主持人）都有什么共同点？

当布拉德·安德森谈起百思买的竞争优势时，他说："我一直在寻找一种文化的优势，它可以不断更新或者让我们总是不满意，总是想不断创新。除了源源不断的大量的革新，我想我们这行也没别的选择。"蒂姆·邓肯在赢得 2005 年 NBA 总冠军后立即说："我能打得比这好得多,这听起来就像我们 NBA 冠军队还要在这儿熬夜一样让人恐怖。"杰伊·莱诺的出名也许是因为他在节目中最玩命工作吧,尽管他主持了 20 多年的美国第一的晚间电视节目,每年有 125 ~ 150 次个人公开露面,但他的许多周日的晚上都是在何尔摩沙海滩喜剧和魔术俱乐部调试他的新资料片。杰伊·莱诺说:"这听上去有点傻,但我的观点就是迟早别的家伙要去吃喝、上厕所,或者去度个假,我就是在这些时候超越他们的。"马克·库班总结了一些相似之处:"这与你认识什么人,有多少钱无关,很简单,这是个你有没有优势和魄力的问题。"

这些人所共同拥有的优势就是对于竞争、贡献,当然还有对获胜的一腔热情。他们不满足于现状,不断革新,绝不会止步于已有的荣誉,他们相当重视认真工作,让明天的结果比今天的更好。想取得结果的激情促使他们学习和接受变化,并成为一种生活方式。这也是一种生活态度,而不是个诀窍。

你能影响它

虽然你不能教别人去学习关注的态度,但你可以有很多方式来强化这种态度。科尔曼·彼德森说:"企业文化不是一个自己能实现的预言。"

他解释说,企业文化要树立对结果的激情。沃尔玛的文化开始于上岗阶段，每个周六早上的会议主题是保护企业文化，这也是每个月第一个周六会议的唯一主题。公司用传奇和故事使大家充分理解要点，在春季和秋季会议上大量的内容是强化渴望成功的激情。最重要的是沃尔玛的合伙人都指望着他们的领导去培养这种文化，彼德森说："我们的合伙人都是从他们的领导那里听说山姆·沃尔顿的，最重要的是他们从领导的行动中看见了沃尔顿先生。"

你愿意离开吗

在公司中致力于建立企业文化和追求长效结果的过程中，最具挑战性的考验是：是否愿意从现成的，但与根本目的和原则不一致的生意中离开。也许这听起来很疯狂，下面解释一下。

美国德州第一银行集团的资产负债表相对简单，照某些标准来看是比较保守的，它的首席执行官以及总裁约翰·柯克帕特里克已经给公司建立了坚实的基本储备金和大量的纪律。加里说他会定期地接到行业顾问和业务员的电话，跟他说银行如何可以挣更多的钱。他们的话大致相同："你的借债越多，你挣得越多。"

加里和约翰都在寻找方法发展各自的企业，但他们都不愿偏离他们的根本理念，如加里所述："我们赚了大钱，晚上又睡得香，我们何苦要改变这一切呢？"

第三节 遵循企业文化还是跟着领导走

正直是必须的

有两种类型的人或企业：一类人不断获得结果，但不会以牺牲正直为代价，另一类人正好相反。

正直的话题往往是属于个人行为问题。对于奈翁和其他一些遵守结果原则的领导来说，要摆脱与长远目标和原则不一致的境况，是一个与公司的正直性和长期生存能力相关的问题。这两个因素是密不可分的，注重结果原则的领导十分关心长效的结果，所以不愿违背企业文化，以避免他们的错误决定可能带来的冲击。

一家公司的主要人物凯文·奥森说："有些团体做的工作完全就是抢我们的好处。我们只是看了看，然后说：'我们可不是这样的。'"

在《男儿向前冲》这部电影中，约翰·坎迪出演厄维·布里策，一个可耻的美国奥运选手，他被请来当牙买加雪橇队教练。其中有场戏，布里策因为在奥运比赛中作弊而被取消资格。在他不惜任何代价追求胜利的过程中，他自己造成一个再也无法去争取所珍爱的结果的局面。

布里策对牙买加队的队长说："金牌是个好东西，但是如果没有金牌你就不满足，你就还不够资格拥有它。"

是遵循企业文化还是跟着领导走

经验告诉我们若没有领导的关注，企业文化就会慢慢地淡去，然而，若是企业文化需要某人持续地关注，那么这种企业文化真是企业有机体的 DNA 吗？或者，人们只想讨好老板而做事吗？如果一个公司的信念、价值观、目标真是根深蒂固的话，难道它们不该不论某人存在与否都该继续保持吗？

赫伯·凯莱赫说过当他完全脱离公司的时候，美国西南航空公司一样会做得很好。

然而，由一些领导的谈话中可以知道维护一个注重深度管理的企业文化不是一切的保证。科尔曼·彼德森说："要是领导不关注它的话，企业文化会迷失方向。"

有一家公司以往一直在强化这种信念。

很多年以来，这家公司的文化被广泛认为是促使其成功的重要因素。多年以来，工作表现和企业文化都遭受了一系列领导变动而产生的损失。

佩吉·德宝丽发现，在 2002 年当新的高层领导层到位时，事情就开始发生变化了。他们注重人员、企业文化、人际关系，并给予员工所需的条件去完成工作，她认为公司品牌自豪感回来了，因为工作效率和企业文化又回来了。

请注意对于像沃尔玛这样拥有 160 万名员工的大企业来说，企业文化是有用的，但是对于较小的公司又需要多少企业文化呢？某公司的领导以及 18 位员工说，现在要比过去任何时候都更需要企业文化。他们的做法是当企业成长发展时不断完善制度，以确保企业文化将说故事转变为一贯的生活方式。布拉德·萨克说："我们离完美很远，我们必须不断改进企业的各个方面，特别是企业文化。"

一家公司的领导加里·沃克，将其比作晚间电视节目明星戴维·莱特曼。"当你看电视时，他的节目很自然、很有趣，戴维随机应变，节目也就这样做出来。但是莱特曼以其细心准备和注重细节而著称，表面上我们的氛围轻松愉快，但实际上，这需要一个坚实的基础和长期的重视。"

合理安排人员也能起到作用。美国心脏协会的企业文化由它首席执行官卡斯·惠勒和他的团队在做调整和改进。但这是前任首席执行官达德利·海夫纳打下的基础，罗曼·鲍泽曾说："你看一下今天管理着我们的大公司的人，他们中很多人都是为达德利而工作的。他总是设置一个很高的要求，保持紧迫感，坚信要快乐工作，想着要做得更好。"

伟大的领导留给我们的不只是现成结果，还包括他们的能力。也许这就是赫伯·凯莱赫能够轻轻松松地使美国西南航空公司长期繁荣的原因。公司有一个优秀的人才基础，包括首席运营官科琳·巴雷特和首席执行官加里·凯利，他们都能适应工作，并且也会一直建设强大的企业文化，为做出结果而不断努力。

建立一个强大的企业文化要用多长时间

建立一个强大的企业文化要用多长时间？这个问题常有人会在咨询、研讨会和发布会上提出来，回答很明确："那得看情况了。"

有几个问题是需要考虑的。

◇ 你是从头开始还是要改变现有的文化呢？许多公司从第一天开始就把它们的文化作为企业结构的重要部分。一些公司在企业成立之后改变或调整企业文化。汤姆·海格说这得花两三年，SGS 刀具公司才能看到自己付出的回报。根据经验和研究，如果合理工作并持续努力，这个时间是很正常的。

◇ 你过去是如何做的，你有多少时间？食品杂货批发商从来也没改变过什么。因为他过去总是这样，他也没有足够的时间来更正。要么就像 SGS 刀具公司一样，在其开始行动之前就已经和员工建立了良好的关系了。

◇ 你工作的投入程度如何？不用心做是没有用的，本书中所讨论的起正面榜样作用的人和公司，都的的确确对结果有着极大的热情，这一切都是建立在文化优势基础之上的。
科尔曼·彼德森的话一针见血："问题在于你能否长期贯彻
执行并承担后果？"

加里·奈翁喜欢一句谚语："飞得快的鸟飞不远。"

打造一个能消除竞争的企业文化，需要花时间、耗精力、
尽义务，这是项艰巨的工作。你不可能像电脑自动安装软件
那样，在短时间内向你的企业灌输一种文化。要是各个行业
中各种规模的优秀公司的榜样还不能使你相信这些好处，或
者你一直只是寻找解决问题的速效药，也许最合适你的方法
就是去找别的方法。

松开撑杆

当德鲁克和别人说他跳过伞时，通常他们马上会问："人
干吗要从一个好好的飞机上跳下来呢？"

德鲁克告诉他们这是一个与他交往了 25 年最好的朋友所
犯的错误，他的名字叫查理·布朗。

当查理和德鲁克一起坐在他们常去的地方时，查理问他：
"你想过从飞机上跳下来吗？"

给你一个小提示——当你最好朋友问你这个问题的时候，
通常他会有个不可告人的秘密。

"我一直都觉得这很有意思。"德鲁克回答说。

查理立即说："好，因为我们已经报名参加一周的课程，

这周六就开始了。"

所以，这就是后来德鲁克站在 1000 多米高的飞机上的原因了。

第一次跳伞有两种比较好的方式。一种是双人跳，把你绑在一名跳伞高手身上，从 3000 多米的高空向下跳，人们选择这种方式的原因是，如果在大约一分钟自由落体的时间里你很害怕的话，还有个人帮你拉绳子。

第二种方法是固定拉绳跳，基本上这是军队的老式方法，它有一个自动开的主伞，上面有一根绳子连在飞机上。

固定挂绳是从较低的高度向下跳，但是最大的区别是飞机外面除了你自己不会有别人。如果因为某种原因主伞打不开的话，你会有大约 14 秒的时间抛开主伞，使用你的后备伞或者最终成为晚间新闻的不太重要的报道材料。

他们选择了固定拉绳方法。

他们的跳伞训练花了大概 6 个小时，其中 4 个小时学习当伞打不开时该怎么做。那天是有几个机会可以退出的。班上有几个人午餐时就回去了，还有一个人在完成训练后决定不上天了。

对那些从未跳过伞的人，跳伞是这个样子的：5 个人被塞进一架小飞机里准备跳伞，一名飞行员、一名跳伞老手和 3 个带着拼死一搏念头的新手。一旦飞机到达合适的高度并到达跳伞区上空后，跳伞高手就叫飞行员关闭发动机。

舱门旋开，砰地撞在机翼上。跳伞高手对着你说了两个字："出去。"这两个字本来并不特别吓人，但是在这种环境下，紧张的程度就不一样了。

你纵身跃出飞机，你的左手抓住翼部的撑杆，把你的左脚放在一块大约5cm×7cm照片大的金属上，用你的右手抓住你的撑杆，现在你的右脚是自由悬着的，风以每小时960千米的速度吹在你脸上。

你看着飞机里的跳伞高手，他在笑，你自己可笑不出来。

之后他又说了两个字："放手。"这两个字在任何情况下都是完全实实在在的。

你放开撑杆，弓起腰，在继续生命之旅前会感受几秒钟的茫然。

当德鲁克跳完第一次后，他问指导老师：是否有人死抓住机翼撑杆不放，又被拉回飞机呢？一点也不用奇怪，这事会偶尔发生的。

这让德鲁克开始思考，为什么有人会学完全部训练课程，将自己置于一个难以相信的旅程中，却在最后一分钟退出了呢？归根结底是他们害怕放开他们认为安全的东西，不相信自己的能力，害怕负责任。

在飞行的时候，个人和公司都有各自害怕的表现形式。

我们明白我们的产品和服务，在很大程度上是在与别人大致相同的工作环境中完成的。我们知道企业文化最终的竞争优势是每天来上班的时候，对于自己价值观的自信和为有成功机会的兴奋。然而我们总是止步不前，而不是迈出重要的（但很困难的）一步。

你应该知道你该从哪里开始，也知道用什么来建立一个消除竞争的企业文化。下面的 6 条深度管理原则可以让你的公司做得更全面、更好。

1. 告诉员工实际情况，重视坦率和诚实的作用。

2. 不论在什么情况下，先由最容易的入手，力求最好的效果。

3. 协调外部和内部的合作关系。

4. 集中精力，将主要目标作为主攻方向。

5. 表现出负责任的勇气。

6. 每天学习，不断成长，不断进步。

加里·奈翁曾说，树立一种能持续实现深度管理的文化，最重要的就是去做。除非你决定抛开阻止你自己和你公司发展的一切，否则所有的美好打算、培训、愿望都是毫无价值的。所以，别在自己的成功之路上止步不前。

要是你真的热爱结果的话，想营造（或者至少为之出点力气）一个能使你取得结果的企业文化，就朝前走吧，反正个人有个人的看法，放开撑杆，去做吧。

深度管理原则

过去的成功只证明你曾经正确。

◇ 遵守深度管理原则的公司会尽量一次解决100个问题，而不是同一个问题要解决100次。

◇ 企业文化既可以是只锚也可以是个加速器，要建立一种可以不断预见、不断适应的文化。

◇ 面对未来的问题和挑战需要的思维深度不同。

◇ 正直很有用，要放弃与你的根本目的和原则不一致的机会。

◇ 培养一个可以不断消除竞争的企业文化是一项长期而艰苦的工作，这不是一个能自动实现的预言。

◇ 遵守深度管理原则的公司和领导都有个优势，就是对竞争、对贡献，当然还有对胜利都有着强烈的激情。他们不满足于现状，不断更新，不止步于已经取得的成绩。只有高度重视、认真工作，明天才能取得比今天更好的结果。

◇ 认清你建立理想的企业文化的障碍，扫除这些障碍。

图书在版编目（CIP）数据

深度管理/李长江著．-- 北京：中国华侨出版社
2019.11（2020.8 重印）

ISBN 978-7-5113-8036-4

Ⅰ．①深… Ⅱ．①李… Ⅲ．①管理学 Ⅳ．① C93

中国版本图书馆 CIP 数据核字（2019）第 190708 号

深度管理

著　　者：李长江
责任编辑：刘雪涛
封面设计：冬　凡
文字编辑：胡宝林
美术编辑：刘欣梅
经　　销：新华书店
开　　本：880mm×1230mm　1/32　印张：6　字数：180 千字
印　　刷：三河市万龙印装有限公司
版　　次：2020 年 6 月第 1 版　2021 年 4 月第 4 次印刷
书　　号：ISBN 978-7-5113-8036-4
定　　价：35.00 元

中国华侨出版社　北京市朝阳区西坝河东里 77 号楼底商 5 号　邮编：100028
法律顾问：陈鹰律师事务所
发 行 部：（010）88893001　　　传　真：（010）62707370

如果发现印装质量问题，影响阅读，请与印刷厂联系调换。